潮汕社会宗教与文化研究系列

鸣谢： LI KA SHING FOUNDATION
　　　李嘉诚基金会

潮汕老厝

四海潮人的心灵故乡

林凯龙 著

修订版

生活·讀書·新知 三联书店

Copyright © 2019 by SDX Joint Publishing Company.
All Rights Reserved.

本作品版权由生活·读书·新知三联书店所有。
未经许可，不得翻印。

图书在版编目（CIP）数据

潮汕老厝：四海潮人的心灵故乡／林凯龙著 . —2 版（修订版）. —北京：生活·读书·新知三联书店，2019.6
（潮汕社会宗教与文化研究系列）
ISBN 978 – 7 – 108 – 06518 – 6

Ⅰ . ①潮⋯　Ⅱ . ①林⋯　Ⅲ . ①古建筑 – 介绍 – 潮州②古建筑 – 介绍 – 汕头　Ⅳ . ① K928.716.53

中国版本图书馆 CIP 数据核字（2019）第 041223 号

责任编辑	徐国强
装帧设计	康　健
责任印制	徐　方
出版发行	生活·讀書·新知 三联书店
	（北京市东城区美术馆东街 22 号 100010）
网　　址	www.sdxjpc.com
经　　销	新华书店
印　　刷	北京图文天地制版印刷有限公司
版　　次	2013 年 6 月北京第 1 版
	2019 年 6 月北京第 2 版
	2019 年 6 月北京第 2 次印刷
开　　本	720 毫米 × 1000 毫米　1/16　印张 21.5
字　　数	180 千字　图 562 幅
印　　数	07,001 – 13,000 册
定　　价	95.00 元

（印装查询：01064002715；邮购查询：01084010542）

总　序

　　中外文化交流与地方社会变迁，不仅仅是近代中国历史关注的课题，更是潮学研究的重要组成部分。第二次世界大战以后，随着历史人类学和社会文化理论在欧美学术界渐成风气，海内外汉学家亦尝试采取跨学科的角度，来重新审视潮汕历史社会文化的发展，通过几十年的研究，已经取得了辉煌的成就。

　　我们对潮汕区域历史、潮籍历史文化名人、潮人的海外拓殖史、潮汕区域政治经济状况、潮汕文化源流、潮汕方言、潮州音乐、潮州歌册、潮州戏剧、潮汕工艺农艺、潮州饮食文化等，都已有一定程度的把握。

　　潮学研究成果虽丰，在宗教研究方面，却未见相应之发展。当然，在潮学圈中，也有学者就潮汕地区各宗教的文化、历史及其与社会之互动等做了一些探索，例如对祠堂、庙宇、祖先崇拜、风水、亡斋风俗、宋代潮州佛教等的研究，又例如对潮汕地区的基督教传播、清末潮汕地区的基督教运动、20世纪教会办学的发展、汕头基督教教会的自立与分离、个别基督教宗派及差会的历史描述等的研究。然而，这方面的努力，至今仍然只属初探阶段，当中存在着不少有待填平的研究沟谷。

　　潮汕宗教文化也正是在这样的背景下进入了学者的研究视野。毫无疑问，潮汕历来都是信仰氛围浓厚的地方，其宗教文化源远流长、风格独特、多元而又开放,这既是潮汕文化的重要组成部分,也是海内外潮人凝聚乡族、延续传统的纽带。当把潮汕宗教放到中国宗教文化的大背景之中去考察时,也容易发现,它异常鲜明地体现了中华民族多元包容、融会贯通的信仰特点。

潮汕宗教的信仰风格,在它面对外来信仰时表现得尤为明显,潮汕基督教一百六十多年的发展历程,就是潮汕文化与基督教不断接触和对话的动态过程。早在1860年汕头开埠之前,基督教就已在潮汕本土传播,[1]它与潮汕社会和谐并进,对牵动地方社会的现代化扮演了不可或缺的角色。[2]潮汕地处沿海,自然灾害频繁,如1911年洪涝、1918年地震和1922年台风期间,本土宗教团体及教会合力为救助灾民及灾后重建做了大量工作。[3]同时,教会也对地方的经济发展有积极贡献,例如在19世纪与20世纪之交,于潮州商贸领域中举足轻重的抽纱工艺,正是由传教士引入的。[4]另一方面,潮汕社会也以开放的态度接纳这

[1] 以往学界一般以瑞士巴色会传教士黎力基1848年在汕头澄海盐灶传教作为基督新教传入潮汕的开始,后经考证,1831年及次年,传教士郭士立就已先后两次到过汕头南澳。胡卫清教授曾对近代潮汕地区基督教传播及发展的历程作过梳理,详见胡卫清:《苦难与信仰:近代潮汕基督徒的宗教经验》,北京:生活·读书·新知三联书店,2013年,第25—41页。

[2] 如李期耀博士的研究就以美北浸信会(又称美北浸礼会)的教育、医疗、文字事业为考察对象,分析传教士及差传教会与本土社会的互动关系,以及其为潮汕社会所带来的积极影响;详见李期耀:《差传教会与中西互动——美北浸礼会华南差传教会研究(1858—1903)》,山东大学历史文化学院2014年博士论文。

[3] 相关研究成果如 Joseph Tse-Hei Lee(李榭熙),"Disaster Management and Christian Church Network in Early Twentieth-Century Chaoshan, South China", *Berliner China-Hefte/Chinese History and Society*, 35 (2009): 64-79。

[4] 相关研究成果如蔡香玉:《坚忍与守望:近代韩江下游的福音姿娘》,北京:生活·读书·新知三联书店,2014年,第9—10章;李金强:《福源潮汕泽香江:基督教潮人生命堂百年史述1909—2009》,香港:商务印书馆,2009年,第49—51页;李金强:《同乡、同业、同信仰——以"旅港潮人中华基督教会"为个案的研究1923—1938》,载吴义雄主编:《地方社会文化与近代中西文化交流》,上海:上海人民出版社,2010年,第225—243页。

种外来信仰，并以宗族为纽带，把基督教信仰代代相承；基督教信仰又与本土文化相结合，塑造了潮汕基督教的独特内涵，从而使潮汕基督宗教文化成为潮汕宗教文化不可缺少的组成部分；在广东省的基督教图谱中，潮汕地区基督教的堂点约占三分之一。[1]

以上这些因素也就是我们在2012年开始出版"潮汕社会宗教与文化研究系列"的原因。这套丛书广邀不同领域的潮学研究者参与，从历史、经济、建筑、艺术、文学、语言、民俗、中外交流、宗教对话等向度切入，发掘蕴藏于潮汕宗教文化中的人文宝藏，以多元的视野为深化潮学研究而贡献力量。经过五年的不懈努力，丛书已先后有六本著作问世，分别是：胡卫清著《苦难与信仰：近代潮汕基督徒的宗教经验》（2013年）、林凯龙著《潮汕老厝：四海潮人的心灵故乡》（2013年）、蔡香玉著《坚忍与守望：近代韩江下游的福音姿娘》（2014年）、陈景熙等著《故土与他乡：槟城潮人社会研究》（2016年）、黄挺著《中国与重洋：潮汕简史》（2017年），以及李榭熙与周翠珊编著《处境与视野：潮汕中外交流的光影记忆》（2017年），成果令人欣喜。

得蒙李嘉诚基金会的鼎力支持，并香港中文大学的大力合作，"汕头大学文学院基督教研究中心"于2010年初正式成立。中心以推动潮汕基督宗教研究、推广全人生命教育为宗旨，以多种面向、多种角度发展教育、科研及文化交流。在此基础上，为进一步拓宽学术视野、深化研究内涵，在2017年更名为"宗教文化研究中心"，致力于开拓多元宗教文化研究，计划就中国的宗教生态、中国宗教与传统文化、中国佛教的历史与文化、宗教慈善、犹太教文化研究等问题进行研究探讨。"面向汕头大学师生"是中心的根底，我们通过课程、讲座、出版等项目，丰富大学通

---

[1] 2014年7月14日，广东省基督教两会在揭阳市召开第二次潮汕四市教会联席会议，会议中指出：潮汕四市教会堂点270个，占广东省基督教堂点的31%，并且潮汕籍教牧同工在广东省教牧同工中也占三分之一。

识教育内涵，发展特色学术科研；"面向潮学及宗教文化研究学界"是中心的方向，为此我们不断深化与权威学术机构及学人的合作，搭建国际化研究平台，拓展潮学研究视野；"面向潮汕社会"则是中心的使命，我们也积极展开文化保育，推动海内外潮人交流，致力于传承及弘扬潮汕文化。

丛书的面世，得到了生活·读书·新知三联书店的专业出版支持，我们深感荣幸。有各方的鼎力相助，我们深信，本套丛书能给海内外学者及读者带来一种人文新视野，并为推动潮汕地区的宗教文化研究及深化潮学研究做出贡献。

卢龙光
"潮汕社会宗教与文化研究系列"主编

目 录

总序 i

序 王受之 i

前言 1

第一章 "潮州厝,皇宫起"
    有潮水的地方就有潮人 16
    潮人与"厝" 25
    "慈黉爷起厝——好慢孬猛" 30
    "一条牛索激死三个师父" 43
    "潮州厝,皇宫起" 54

第二章 "京都帝王府,潮州百姓家"
    "海滨邹鲁是潮阳" 60
    开基与风水 74
    山环水抱的风水宝地 87
    从"坞壁"到围寨 97
    "下山虎"和"四点金" 104
    "驷马拖车"和"百鸟朝凰" 116
    "京都帝王府,潮州百姓家" 122

第三章　潮汕府第

从瓦屋到府第　128

许驸马府和沟南许地　134

赵氏始祖祠和铜门闾　141

长美乡和袁氏家庙　145

宝陇乡和林氏家庙　152

郑大进府　160

德安里　163

樟林古港和南盛里　166

淇园新乡　171

"府第"的陶冶　174

第四章　围寨与土楼

同源异构的围寨和土楼　178

象埔寨　183

程洋冈和临江寨　187

鸳鸯寨　193

鸥汀寨　195

龙湖寨　198

永宁寨　203

东里寨　208

三饶道韵楼　213

第五章　宗教建筑

巍峨典重的儒家建筑　222

揭阳学宫　223

韩文公祠　226

以殿堂为中心的佛教建筑　230

潮州开元寺　233

存心善堂　237

气度恢宏的教堂建筑　239

盐灶中华基督教堂　244

汕头市基督教会岩石堂　247

汕头市基督教会鸥汀锡恩堂　250

汕头市基督教会恩典堂　252

潮州天主教堂　254

澄海澄城天主教堂　257

第六章　古艳绚丽的装饰

古老的筑墙方式　260

外冷内热的装饰风格　266

木雕　269

石雕　274

屋顶和嵌瓷　285

高耸挺拔的山墙　295

门面和彩绘　304

书斋与园林　316

后记　321

修订版后记　324

序

潮汕地区的城市建设，经过改革开放初期的高速发展之后，目前反而有些落伍，但这也无形中保留了许多古村落、旧街区和古建筑。最近，我惊奇地发现这里不但有很多明清时期的住宅、祠堂、庙宇，居然还能见到宋代的住宅建筑，并且不是独栋存在，而是一个区域、一片住宅地矗立着，这在全国也是绝无仅有的奇观了。然而，随着潮汕机场的兴建、厦深高速铁路与第二条高速公路的开通，潮汕这种远离尘世的状态很快将不复存在，这些古建筑、古村落、古民居还能够屹立多久，我们心里都没有底。在这种前提下，汕头大学长江艺术与设计学院的林凯龙老师积数十年之功写成的《潮汕老厝》，将给我们留下一份非常可靠、具有高度参考价值的文献。最近，生活·读书·新知三联书店准备出版该著，这是学术界的一件大好事。

我在长江艺术与设计学院担任过八年负责学术的副院长，去年开始任正院长，和林凯龙老师有很深的交情，他发现古村落、古建筑，经常先来告诉我，然后我们一起下乡考察拍摄。通过林老师和这本《潮汕老厝》，我了解了更多的潮汕建筑，特别是那些被全世界潮人视为心灵故乡的老房子——潮汕的"老厝"。

潮汕乡村至今保留着唐宋世家聚族而居的传统，村寨规模往往十分巨大，它们大多以宗祠为中心，次要建筑围绕宗祠展开，相连形成外部封闭而内部敞开的宏伟建筑群体，发展出诸如"下山虎""三壁连""四点金""五间过""驷马拖车""百鸟朝凰"等生动多样的建筑形式；而据林凯龙老师考证，这些中轴对称、向心围合的以天井为中心的民居建筑，其源头大多可溯至唐宋，是古代世家大族居住的"府第式"民居体系在潮汕的迁延！

作为潮汕乡村最常见的四合院式建筑，"四点金"因四角上各有一外形如"金"字的房间压角而得名。林老师通过将"四点金"与北京四合院比较，发现虽同为四面闭合的合院，北京四合院院落较大但不一定在中心，而"四点金"则以天井为中心，紧凑简练，北方宽大的庭院被缩小为狭小方正的天井；北京四合院大门不能居中面南，而受到先天八卦的影响开在西北角或东南角上，林老师根据宋代以后先天八卦才开始在北方流行的史实，认为北京四合院是宋代之后的建制，而不受先天八卦影响、左右对称、大门居中面南的"四点金"是宋以前古制。后来，林老师又在唐代大诗人王维所画的《辋川图卷》与北宋画家乔仲常所作的《后赤壁赋图卷》中找到类似"四点金"的合院，林老师据此断定，潮汕"四点金"是一种比北京四合院更为古老的合院式建筑。

对"驷马拖车"等大型民宅的研究也是如此。"驷马拖车"是一种以宗祠为中心象征"车"、两旁次要建筑象征拖车的"马"的大型建筑群体。林老师根据"驷马拖车"与唐代律宗寺院、北京紫禁城格局相似的特点，以及古代中原士族动辄"舍宅为寺"之史实，得出既有礼制功能又有居住功能的"驷马拖车"，是从古代"京都帝王府"演化衍变而来的结论，正因为如此，本地才有了"潮州厝，皇宫起"的说法——即潮汕民居是按皇宫的式样精心建造的。

从历史原因看，潮人的先祖大多是因战乱南迁的中原士族，因为离开祖地最远，对祖宗的一切便愈加珍视。进入潮汕后，又因其山环海抱的地理环境和相对偏僻的地理位置，潮汕先民既能够不受皇权的束缚，又能够避免改朝换代的战乱，而有时间、精力和心情将民居当成宫殿来建造，让那些体现礼制观念与建筑等级的"京都帝王府"逐渐变为"潮州百姓家"。

林凯龙老师从20世纪80年代末开始走街串巷，深入潮汕乡村搜集资料拍摄照片，对潮汕老厝可说了如指掌。在书中，我们除了可以看到"一条牛索激死三个师父"等掌故，还能见到国内甚为罕见的许驸马府和赵厝祠等宋代建筑，足以与山西乔家大院相媲美的澄海陈慈黉故居、规模为岭南之最的有七百多间房的普宁洪阳德安里等著名民居，就连散落民间的不起眼的建筑局部，只要有特色和价值，林老师也尽量收入，故这本书资料翔实可靠，基本上反映出潮汕乡村老厝的全貌。

更为可贵的是，林老师并没有停留在"就厝论厝"的阶段，而是以建筑艺术为中心，从文化和审美的角度将笔触辐射到潮人来源、风水传说、历史掌故、民俗文化中去，通过娓娓道来的文字，对潮汕建筑的始源及历史的演变、潮汕老寨府第的形制与格局、特殊的装饰工艺及其对潮人的影响等，做了深入的研究和精辟的论述。其间还旁及中外建筑艺术的比较，视野开阔，图片精彩，趣味盎然，是一本熔学术性和可读性于一炉的佳作。

这本专著的面世，凸显出林凯龙老师保护潮汕民居、弘扬潮汕文化的拳拳之心。我在这里祝贺林老师的新书出版，同时也期待他佳作连连，给我们带来更多关于潮汕传统建筑的研究成果。

前　言

　　潮汕是我的家乡，我的青少年时期就是在这个钟灵毓秀、人杰地灵的南海之滨度过的。这里有数不尽的美味佳肴，有丰富多彩的乡间习俗，有艰涩难懂的方言和那古意盎然的被称为"厝"的老屋。我和很多同代人一样，是在老厝里读完中小学的，那宽敞明亮的祠堂通常是学校的礼堂，那环绕祠堂的成排从厝和包屋是我们的教室，屋架上那些神秘的雕刻和彩画也常常成为我们写生和临摹的范本，而祠堂前阔大的阳埕竖上篮球架就变成了学校的操场，可是一用力就会把球扔到埕外的池塘里！

烟雨迷离的揭阳炮台塘边村，如一幅水墨淋漓的中国画

潮汕村庄里有一围一围的老厝，古意盎然

在这些老厝里读了整整十年书之后，我考上了武汉科技大学材料系，于是，和离开祖地的先人一样，用红纸包起一抔乡土，扛着行李第一次离开了家乡。

兴冲冲来到武汉读书，懵懵懂懂上了半年课后，我才发现所

位于桑浦山脉桃山脚下的我的母校揭阳新华中学一角

前言

潮汕乡村保留着汉唐世家聚族而居的传统,村寨规模十分巨大。图为揭东县新亨镇某乡围寨

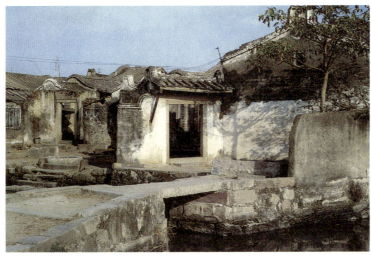

小桥、流水、老屋,四海潮人梦魂萦绕的家园

学专业和兴趣相去甚远,而当时"一考定终生"的现实又逼得我硬着头皮读下去,心境自然十分压抑;这时,家乡的风物,便趁机慢慢地侵入我的梦乡,滋润着我苦闷的心胸——在梦中我尽情享受家乡的美味佳肴,徜徉在幽深曲折的窄巷,抚摸老厝那古老粗糙的墙壁,考证它的年代和特征,一觉醒来才发现原来身在异乡……看来,我无可避免地患上了世界上所有潮人思乡的通病!

也许正是这种"病",使我1993年在北京完成国家重点项

3

目《中国美术史》的编撰与插图后，谢绝师友的挽留，毅然返回家乡，一头扎进母体文化的怀抱，将自己的身心和斗志，彻底消融在南海的熏风和袅袅的茶烟之中。

我真正涉足潮汕民居是在1987年被王朝闻先生聘为《中国美术史》撰稿人后，因常有到各地考察的机会，得以接触不同民居。当时就有意无意地把它们和潮汕老厝相比较，觉得潮汕老厝不比别处差，而且可能和潮菜一样更具特色。当时，潮州菜在各地也未受重视，我常向外人夸耀潮菜如何好吃，往往引来笑话："满汉全席和八大菜系都没你们潮菜，你林凯龙吹什么牛！"何况，地处省尾国角的潮汕民居不可能和潮州菜一样"端"出去让人品尝，当然更难引起外人注意了。

直到1989年，同样是王朝闻任总主编的国家八五重点图书《中国民间美术全集》开始编撰，我极力向民居卷主编陈绶祥推荐潮汕民居。承陈先生不弃，派我和广州美院的黄启明兄到潮汕和闽南拍照，当时，我们只在潮汕匆匆拍了一天就赶往闽南，所选择的地方也远非潮汕代表性民居，但还是有近十幅作品入选《中国民间美术全集·起居编·民居卷》，此第一本收有潮汕民居

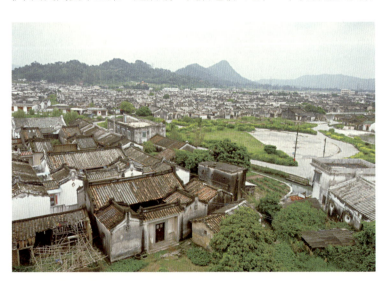

元代至元年间，福建莆田人张翠峰七兄弟偕妹翠娥来到普宁燎原镇虎山脚下的泥沟开基创业，枝繁叶茂，子孙众多。今天，张家后代在泥沟乡有万余人，而在海外则多达五万。图为泥沟乡一角

前言

潮人喜欢在天井正中种植莲花,莲花亭亭净植、出淤泥而不染的高贵品格,是潮人追求的人生境界

的大型画册在大陆和台湾出版后,获奖无数,在海内外引起很大反响。

　　自此以后,一发而不可收,我开始发狂似的拍摄潮汕民居。经过二十多年的努力,积累了数以万计的图片资料;通过这些材料,我才真正了解潮汕的那些老厝,不但有独特的文化内涵,有巨大的美学和文化学价值,而且是一笔远未得到重视就开始消失的文化遗产!和很多潮人一样,我原以为那些外表并不起眼的老厝土得掉牙,较之闽西客家土楼或闽南红砖区民居,甚或附近的客家围龙屋,似乎缺少魅力,殊不知潮州饶平就屹立着六百多座土楼,还有到目前为止发现的最大的八角形土楼,其居民是和我一样讲潮汕话的潮人!

　　除了拥有最大的八角形土楼和众多的圆楼外,潮汕还有比土楼大得多和早得多的古寨和府第!经过分析和论证之后,我发现这些聚居人数动辄过万的古寨和府第,居然是中原古代世家大族居住形式的遗存，是宋代以前在中原地区流行的"祠宅合一"的建筑体系的复制！例如古画中那令无数学人向往的唐代王维的"辋川别业"（相传宋代文学家秦观卧病时，因观赏了朋友高符仲送来的王维《辋川图》摹本，不觉身与境化，病也好了），宋代苏东坡在黄州住过的府第就是它们的前身。而且，无论从规模布局上，还是从装饰工艺抑或从建造年代与方式上，都可追溯到遥远的年代！

另外，潮汕还有大量的文教、宗教等建筑，它们或以历史悠久、形制古老，或以规模巨大、中西合璧著称。如最近我才发现，我青少年时期习画的场所——揭阳学宫，不但规模为华南诸学宫之冠，而且还是全国县级学宫中最大的！而小时曾随祖母去烧香拜佛的潮州开元寺，其宽达11间的天王殿不但为汉地同类殿宇中之最大，而且还是号称世界现存最大木构建筑——日本奈良东

古树、池塘、府第，这是潮汕乡村随处可见的景致

前言

潮州府城"岭海名邦"牌坊局部。数以百计的潮州古城牌坊曾于20世纪50年代初被拆毁殆尽,近年虽有恢复,但工艺水平相去远甚

大寺大佛殿——的建筑母本,其如人的脊梁柱一样排列的绞打式叠斗,其形制甚至可追溯到汉代!而那些在潮汕大地上随处可见的气势恢宏、傲然挺立的基督教和天主教教堂,则体现了潮汕人虔诚的宗教情怀,同时也折射出潮汕文化包容开放的一面。因此,借此次出版之机,本人特意在拙著《潮汕老屋》(汕头大学出版社2004年第一版)的基础上补充了"宗教建筑"一章,以期更全面、更客观地反映潮汕古建筑全貌以符"老厝"之实(因为在潮人心目中,"厝"比"屋"要宽泛,"厝"除有"屋"的含义外,还指处所、家乡、建筑等),并对其所呈现出来的潮人文化心态和潮汕民性进行探讨。

就研究方法而言,本书的初衷是以对潮汕大地上的古建筑作一巡礼为基础,从文化学和图像学角度切入,通过对潮汕各类古建筑特点的剖析,寻找它们各自的渊源和演变的规律,然后再回过头来阐明潮汕古建筑对潮汕文化和潮人精神形成的影响。而在拍摄和研究过程中,由于我更多地从视觉美学角度撷取潮汕老厝那古老沧桑的一面,遗漏和纰缪在所难免,这就要请读者多多包涵了。

位于棉湖古镇的幽深"进士第"和"四知""三相"的门联,将世家大族的身份表露无遗

创建于魏晋时期的揭东县乌美村一角,该村是郑氏宗族聚居的大乡落,位于揭东县的桑浦山下

揭阳登岗许氏宗祠(如今这里已成为机场跑道)。甲午战争后,著名爱国志士许南英在台湾遭日本人追缉,于是应登岗许子荣、许子明兄弟之邀,携家避难于此,时许南英之子许地方年仅3岁,他后来在《我的童年》中记叙了这段生活

"暧暧远人村,依依墟里烟。"此晋人陶渊明句也,潮汕乡村极具魏晋古韵

橘黄色屋顶是潮阳民居屋顶的特征之一,也是"潮州厝,皇宫起"的最好见证

大海是潮人的母亲,潮人的命运和南海的波涛连在一起。

第一章 『潮州厝,皇宮起』

有潮水的地方就有潮人

朋友,如果您有机会前往广东省东部沿海,在经过连绵的山岭丘陵之后,会出现一个海天一色、平畴百里的锦绣平原,在绣花般的农田和菜畦簇拥下,在层层的山川河海环抱之中,可以见到一个个或如莲花,或如八卦,或如蘑菇,或如手挽着手向外扩展的人群般巨大密集的村落——它们那环抱围合的寨墙、排列整齐的屋舍、鳞次栉比的屋面、高耸挺拔的山墙、纵横交错的巷道、高高的望楼碉堡以及清澈的沟渠池塘……仿佛如陶渊明笔下的

不断向外扩展的揭阳渔湖京冈村,这是一个巨大的村落

第一章 「潮州厝，皇宫起」

依山傍水的普宁著名侨乡果陇村一角。该村为著名爱国侨领，原中国侨联副主席庄世平先生故乡

世外桃源，这是什么地方？

这就是古代世家大族避世的海隅之地——潮汕。

潮汕，指的是过去为潮州府管辖，大体包括现在的汕头、揭阳、潮州三市，是背靠五岭、面朝南海，东与闽南相接、南与台湾隔海相望的被称为"省尾国角"的地方。它的面积虽然只有全国的千分之一，但却生活着全国百分之一的人口，还是几乎和本地人口相等的全球三分之一华侨的故乡；它物产丰富，气候温和，山川秀丽，人杰地灵。在古代，常常成为中原士民逃避战乱的"世外桃源"，今天，则被认为是中国最适宜居住的地方之一！

由于潮汕以前长期隶属于潮州府，"潮汕人"对外一般称"潮州人"，不过，现在都简称"潮人"了。

"有潮水的地方就有潮人"，这是一句流传甚广的话。潮人——一个以"潮"为名的华夏族群，其命运注定和大海连在一起。大海是潮人的母亲，它以宽广的胸怀日夜接纳着来自潮汕平

位于乡村中心，曾一度用做小学的祠堂，今天好像要祭祖了

"勾心斗角"的檐下雕饰，古朴而不失雄浑的气势

第一章 「潮州厝,皇宫起」

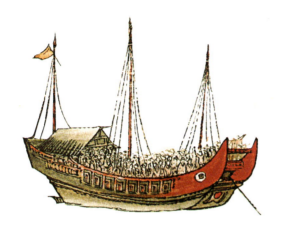

红头船,是清代潮汕商船,船头漆成红色,以别于其他地方,大型红头船长可达三十余丈,宽可达十丈,船舷足有三层楼高,最大可载千人,一般有三桅,遇好风时六帆齐张,船行如飞

原的江河水,也同样接纳着来自潮汕大地的子民们。由于宋代以后南迁士族的不断涌入,潮汕的人口渐趋繁密,耕地越来越紧张,这些中原士民的后代,又不得不随着那来来往往的潮水,再次踏上漂泊之路。

据史料记载,潮人很早就向海外拓殖了,但比起鸦片战争后波澜壮阔的移民浪潮,以前所有的移民均微不足道。近代海禁大开后的潮汕,承受不了突如其来的冲击,经济濒临破灭,加之灾害和战乱频繁,很多潮人如《过番歌》所唱"断柴米,等饿死",

众多祭品中的甜粿,是一种用糯米慢火蒸成的糖糕,能历一两个月不发霉,平日用于祭神,出洋用作干粮

21

潮汕老厝

神灵，保佑亲人早点归来吧！此为南澳岛妇女在拜神

水布，是一种大约长四尺、宽尺半的彩印薄纱布，平时扎在腰间，可用于擦汗、洗澡、遮羞、铺床，甚至可以当防身的武器

无法在潮汕生存下去，只能"无可奈何炊甜粿"，然后"一条浴布过番去"——用几乎人手一条的随身浴布（又名水布），打起包袱，装上一抔乡土和一大块甜粿，"心慌慌，意茫茫，来到汕头客头行（专办苦力出洋业务的客栈）"，告别父老妻儿，登上"一溪目汁一船人"的红头船，然后"大海茫茫心茫茫"地融入大海，出洋"过番"谋生。

对习惯漂泊的潮人来说，潮汕不过是他们旅程中住得最久的一站而已；然而，和以往不同的是，这一次大规模迁徙面对的却是浩瀚的南海，而且一下船就被扔进充满敌意的国度（"人地生疏，番仔架刀"是潮人过番最著名的俗语）和无边的热带雨林之中，显得更为艰难和悲壮。据《汕头海关志》记载，自1864年至1911年，有300万的"猪仔"（包括潮人和一部分闽南人、客家人）被贩运到南洋。据资料记载，在这一"海上浮动地狱"的贩运过程中，被当成牲畜的"猪仔"死亡率高达三分之一，仅

1852—1858年,在汕头妈屿岛海滩上被抛尸的"猪仔"就高达8000!那些幸存者到达南洋后,"雨来给雨沃,日来给日曝,所扛大杉楹,所作日共夜"的超负荷劳动,又使很多人累死国外;而当不堪忍受,或走投无路,无脸回乡见父老妻儿时,又有人用随身的浴布结束自己的性命,正如《过番歌》所唱的:"过番若是赚无食,变作番鬼恨难消!"

然而,经过一代代潮侨前赴后继和胼手胝足的艰苦创业,潮人终于在东南亚和世界各地站稳了脚跟,慢慢积聚了巨大的财富。他们随潮而来,伴潮而生,每到一个地方,就在那里落地生根。于是,地球上凡是"有潮水的地方就有潮人"。他们吃苦耐劳,灵活机敏,团结拼搏,拓展工商,发展贸易,传播中华文化,取得了骄人的成绩,被誉为"东方犹太人"。

山川秀丽、人杰地灵的潮汕平原是最适宜人类居住的地方之一。图为桑浦山下的炮台石牌村

潮汕老厝

以"潮"为名的潮人，对海神妈祖有很深的感情。特别是潮汕林姓，与妈祖林默同为福建莆田宋代"九牧林"之后，故称妈祖为祖姑。潮汕最大的妈祖宫是建于清乾隆五十二年（1787）的樟林古港新围天后宫，这是2013年农历八月初三重修时的上中檩仪式

南澳山海风光，南澳岛是广东省唯一的海岛县，风光旖旎，海产丰富，此为渔民网箱养鱼的渔排小屋

潮人与"厝"

散布四海的潮人，无论身在何方，财富多少，地位高低，在他们心中，有一个字永远是神圣的，这个字足以使他们百感交集、热泪盈眶。这个字就是"厝"！"厝"是他们的根，是他们告别列祖列宗向外漂泊的出发点，是故乡牵引着他们的线；有了它，游荡的心就有了停泊的港湾，有了歇息的驿站，充满变数的人生就能得到时时的抚慰。"厝"不但是四海潮人梦魂萦绕的精神家园和他们心灵深处永恒的故乡，也是他们生命的力量之源，为它添砖加瓦以光宗耀祖似乎成了潮人披荆斩棘的动力！

"厝"本地读如"处"（普通话读如"错"），有"处所"之意，《列子·汤问》"愚公移山"中有"命夸娥氏二子负山，一厝朔东，一厝雍南"一句，从此衍生出"厝"的古义。潮汕很多村庄就在姓氏后面加"厝"字作为村名，如陈厝、林厝、蔡厝、许厝等，在潮人心目中，"厝"也代表家乡，"返厝"即回乡之意，同样，"起

苍老的古屋，一贴上春联，马上就有了春天的喜气

老厝的灶间,火红而热烈,是潮人最熟悉的故乡场景,也是游子梦牵魂绕的地方

第一章 「潮州厝,皇宫起」

"藻井"有"水"之意,"水"可克火预防火灾,故古建筑多用之。图为焕然一新的揭西棉湖永昌古庙藻井

厝"即指盖房。

有一位俄罗斯人曾问一个中国学者,你们中国人真奇怪,在外发了财总想着要回去,而我们俄罗斯人却不这样做,这是为什么?这位俄国人不懂,世界上只有中国文化是一条连续不断的

残破的老屋仍透出华丽富贵的气息

潮汕老厝

揭阳桃山村民宅屋檐窗扇装饰

链，迎来送往，生生不息；而西方文化则是一种起起落落、时断时续的文明，尽管可以达到古希腊古罗马那样的辉煌，但在元气耗尽后总不免陷入中世纪那样的沉寂甚至断灭；而文明一旦断灭，就成为只能供人凭吊的遗迹和废墟。

中华文明尽管历经各种劫难，但却总是"野火烧不尽，春风吹又生"，之所以如此，或许应归功于先民的迁徙。在故乡横遭劫难时，先民一次次地带走了文明的种子，小心呵护着，想方设法让它们在外开花结果，然后再带回来对故乡进行反哺，使中华文明能够一次次得以起死回生，成为举世公认的唯一能凭自身力量再生的连续文明。

这一特性在潮人身上表现得尤为彻底，潮人本来就是不远万里从中原的"河洛"一带迁到海隅的中原士族

澄海北陇乡背倚龟山，旁临东溪。龟山之上，有颇具规模的汉代遗迹，其中心是座高台榭两侧有配房的天井式建筑，是中原汉代府第繁衍潮汕的实例。此为北陇古村落屋顶一瞥

后代。当中原发生战乱时,他们怀揣着一抔乡土,背着祖先的神位经过江淮和福建、江西等地辗转来到了潮汕;当潮汕人满为患时,他们又背起包袱漂洋过海散居世界各地。离开祖居地愈远,恋乡的情结愈重,对祖先的一切就愈加珍爱。在不断迁徙过程中,每到一个地方,只要稍为安定,他们就会营造一个和故乡相似的居住环境,竭尽全力保护祖先的文化。因为只有这样,才能免于因被新地方的文化同化而失去尊严;而当条件许可,他们又会毅然返乡,将这种情结化为现实,出钱出力资助文教事业,举办和恢复各种传统文化活动,修葺残破的老厝,重建被捣毁的宗庙祠堂,然后开始大兴土木营建可以"光宗耀祖"的"新厝"。诚如民国《广东年鉴》所言:"粤有华侨,喜建造大屋大厦,以夸耀乡里。潮汕此风也甚,唯房屋之规模,较之他地尤为宏伟。"下面二则潮汕妇孺皆知的"起厝"故事可为佐证。

第一章 「潮州厝,皇宫起」

揭东县乌美村建于明代的郑氏宗祠,是该村十一世祖郑旻(明嘉靖进士)回乡所建。郑旻在任兵部主事期间,曾奉诏督修三殿,受到嘉奖,后从北方用十三条大船运来优质砖块,于隆庆二年(1568)建成该祠

"慈黉爷起厝——好慢孬猛"

"慈黉爷起厝——好慢孬猛",讲的是号称"富甲南洋"的澄海陈慈黉家族,在故乡前美村营造被称为"小故宫"的"陈慈黉故居"的故事。

陈慈黉家族和福建的陈嘉庚一样,都是唐代太子太傅陈邕的后代。陈邕是唐玄宗李隆基的老师,因与李林甫不协,开元年间被谪入闽,最后在漳州落籍定居,卒后被封为忠顺王,称"忠顺世家"。陈邕的子孙中有个叫陈家衮的,元末明初为逃避战乱,挈四子从泉州来到前美村落籍,陈慈黉家族即出自这一脉,故其门第灯笼和福建的陈嘉庚一样,都写"忠顺世家"。

陈慈黉的父亲陈焕荣生于清代道光年间,因短小精明,以捞鱼为生,终日浸泡在水里,被乡人称为"水鬼核"(本地读如"佛")。第一次鸦片战争后,生计艰难,陈焕荣和族人到澄海樟林港搭红头船去泰国谋生,谁知却被一蔡姓船主收留在船上当水手。陈焕荣虚心好学,几年后即熟练掌握航海技术和经商经验,

有双层包屋环抱的"陈慈黉故居"中的"善居室",是陈慈黉最小的儿子陈立桐的居室,也是该群落中最大的一组

第一章 「潮州厝，皇宫起」

"陈慈黉故居"旁边的"通奉第"里植满花木的庭院

遂自购红头船，航行贩运于国内各大港口和南洋等地。经过苦心经营，船队日益扩大，陈焕荣也渐渐地由"水鬼核"变为"船主佛"，并率先在香港设立港岛第一家华人进出口商行"乾泰隆"，开展跨国贸易，陈氏家族由此发家。

到了咸丰四年（1854），陈焕荣将12岁的儿子陈慈黉带到香港从商，在父亲的栽培下，天资聪颖的陈慈黉很快掌握了经商之道，28岁只身到泰国创立"陈黉利行"，并在新加坡、越南以及老家汕头等地设立分支机构，形成了一个横跨南海各国的贸易体系，获得巨大利润。当时潮汕民间有句话说"再富也富唔（不）过慈黉爷"，仅汕头的黉利栈，每天要盘点的银元就多得没法数，只能用米斗量。陈氏家族在陈慈黉的带领下，登上了"泰华八大财团之首"的宝座。

"善居室"正面

　　眼看儿子的大业已定，陈焕荣即返梓颐养天年。回乡后，他乐善好施，兴学育才，重修村道和祖屋，并于同治十年（1871）开始在前美村永宁寨祖屋两侧营造巨宅，惜未完工即去世。陈焕荣去世后，年届50岁的陈慈黉也和父亲一样，在事业峰巅时将家业交给次子陈立梅管理，自己告老回乡，继承父亲未竟之志，终于在年近70岁时建成了三座"通奉第"、一座"仁寿里"等巨宅。然而，陈慈黉不甘就此罢休，又开始在永宁寨的东南面择地创建"新乡"，开始营造占地面积2.54万平方米的巨大建筑群落，有厅房506间，包括"郎中第""寿康里""善居室"，以及一座称为"三庐"的书斋，共四座建筑互相依靠和连接。

　　"新乡"于1910年动工，到十年后陈慈黉去世时，才建成了一座占地1.5万平方米，有厅房158间的"郎中第"。

"善居室"正堂"传叶堂"门匾,出自清末大书法家华世奎手笔

"陈慈黉故居"的"郎中第"正门,这缩进的门楼在潮汕被称为"凹肚门楼"

当年,为了方便运输,陈慈黉专门挖了一条从村前直通码头的小运河运送建筑材料,然后将从泰国运来的数万根楠木打进原为田地的宅基里,再在上面填土建屋。由于陈慈黉对建筑质量的要求极高,在建造的十年里,"郎中第"曾三次被推倒重建!

陈慈黉去世后,陈氏后人继承了这种精益求精的精神,如由陈慈黉的幼媳一手督建的建筑群中最为壮观的占地6861平方米,有厅房202间的"善居室",在建造的近二十年时间里,不知反复了多少次,以至1939年日本侵占潮汕时仍未完工而被迫停工。

"善居室"前面的莲花池

陈慈黉故居的建筑风格中西合璧，总格局均以传统的"驷马拖车"糅合西式洋楼，深深的宅院、双层环抱的护厝与巷道，围绕着中间高大的宗祠展开，里面复道连廊，萦回曲折，周阁相属，排空接翠。巧妙的通廊与天桥设计，不但使巨宅四通八达，还可使行人免于日晒雨淋。

由于陈氏家族经济力量极其雄厚，建这么大的工程居然不用图纸。据说当时只请风水先生相了地，然后凭主人的兴致和工头手上的竹竿，丈来量去，建到哪儿算哪儿。钱财物料该用多少用多少，洋货如瓷砖、彩色玻璃、"红毛灰"（本地称西洋人为"红毛"，至今仍称"水泥"这一外来建筑材料为"红毛灰"，以别于当地的"贝灰"）的应用成了家常便饭，甚至到了堆砌的程度。据统计，巨宅里仅进口瓷砖式样就达几十种，这些瓷砖历经近百年，依然亮丽如新；西方纹样、罗马柱、大面积玻璃窗等也大量出现。最著名的是那些以西洋图案和瓷砖为外部装饰，以花岗石为内框，以闪亮的铜柱为窗棂，以泰国进口楠木为窗扇的形态各异数以千计的窗子，据说当时一个专职开关的仆人，一早就挨门挨户开窗通气，全部开完已是中午，午后逐个关上，到晚上还常常忙不过来，可知宅第之大，窗数之多了。

陈慈黉对待建造者的态度极为体贴宽厚。当年，无论何人，只要拿得起工具都可以到

贴满西洋瓷砖的过道门和西式骑楼，是中西结合的式样。那些从意大利进口而来的西式瓷砖，虽经百年，仍亮丽如新

工地来干活，无论干多干少，一天一个银元的工钱是不会少的，如果慈黉爷发现你干快了，就会问你家内是不是有事，有事就先去办，工钱照付；发现你一次挑沙土太多，便会让你少挑点，别撒在路上。所以几十年下来，这几座巨宅不知养活了多少人。"慈黉爷起厝——好慢孬猛"也成了澄海的一条俗语，成了富而好施、慢工出细活之代名词。

尽管"陈慈黉故居"大量采用西洋装饰，大宅里面大院套小院，大屋套小屋，结构复杂，还夹杂着双层的西式洋楼，数百间厅房使观者如入迷宫，但仍然以潮汕传统的"府第式"（也称"从厝式"）民居为"本"，以西洋装饰风格为"用"。这种风格在清末民初曾风行过一阵，应是当时流行的"中学为体，西学为用"文化思潮在民居中的反映。

极目远眺，"善居室"后面一排排比屋连瓦的屋顶，无边无际，可见其规模之大

第一章 「潮州厝，皇宫起」

大宅里复道连廊，周阁相属，结构复杂，巧妙的设计可让穿行于大宅的人免于日晒雨淋

这些神态各异的窗子，足使一个专职开关的仆人一天都忙不过来

颇有几分故宫午门气概的"陈慈黉故居"南向大门，威风凛凛，足以显示陈氏家族富甲南洋的气势

潮汕老厝

"通奉第"前面的阔埕，为进门之后的缓冲空间，平日可用于晾晒谷类食物

"通奉第"二楼隔扇，使整个房间通透而明亮

第一章 「潮州厝，皇宫起」

陈慈黉故居中的木石雕刻，华美精致

"通奉第正门"为融合中西的装饰风格

陈慈黉所建的被称为"三庐"的书斋，是一座以潮汕民居"下山虎"为"本"，以外来装饰风格为"用"的融合中西的双层建筑

"陈慈黉故居"中"善居室"正面一瞥

透过"资政第"石门斗，可看见里面的"从熙公祠"

"一条牛索激死三个师父"

我长大后之所以会热衷于潮汕民居研究,可能和小时候听过的一个关于潮汕建筑的感人故事有关,这个故事源于潮安县彩塘金砂乡"斜角头"从熙公祠的石雕牛索(牵牛绳)。

从熙公祠是清末华侨巨商陈旭年营建的大型民居群落"资政第"的中心,坐东朝西的"资政第"是一座由五个天井、六条从厝火巷(窄天井)和后包组成的俗称"三壁连"的以宗祠为中心的"祠宅合一"的建筑。

陈旭年(1827—1902),原名陈毓宜,又名从熙,早年丧父,家境贫寒。清道光二十四年(1844),身无分文的陈旭年躲进开往马来半岛的红头船,只身来到柔佛国(现马来西亚柔佛州)。柔佛开发前是一片茂密的原始森林,19世纪前中期才招募各国人士去开辟草莱荒野,种植胡椒、甘密,谓之"开港",并设立港主制,由港主统领一切。

由于开发条件优惠,各国人士趋之若鹜,可这些原始森林古

就是这牧童手中穿过牛鼻子的双股相缠的镂空石牛索,曾"激死"三个石雕师父

木参天,猛兽出没,毒烟瘴雾笼罩,有一个特别险恶的地方,连续去了几批人马都无功而返,有的还成了山大王的午餐,于是再无人敢应召。

陈旭年得知后决定试试运气。他先按家乡习俗备上猪头大粿及三牲水酒,仿照一千多年前韩愈在潮州祭鳄的形式,请人写了一篇祭文,在山口隆重祭拜一番后,念起了祭文,燃起了鞭炮,礼毕后才带工人进山。说来也怪,当年韩文公在潮州用过的这一招如今在柔佛用起来同样灵验,山魈鬼神和毒虫猛兽竟然躲得无影无踪,遂"开港"成功。

此后,陈旭年又如法炮制,开辟很多新港,成为当地最大的港主。以至连柔佛苏丹王子阿布巴卡都成了他的拜把子兄弟,这个会讲潮州话的王子(传其母是潮州人)1864年继位成了柔佛苏丹。

借助这一层关系,陈旭年取得皇家特许的鸦片和酒类经营权,还被授予"资政"头衔和华侨侨长的称号,该州首府至今还有用他的名字命名的"陈旭年街"。当时南洋有"陈天蔡地佘皇帝"的民谚,"陈天"即陈旭年。

陈旭年发家后,于同治七年(1868)斥资在家乡金砂"斜角头"兴建从熙公祠。

从熙公祠前精致而浑厚的石鼓

这两个镂空的"倒吊花篮",您分得出哪个是木雕哪个是石雕吗?

从熙公祠秀气纤弱的各式石柱,虽形式多样,精工细致,但与粗犷的唐宋石柱相比,仿佛是瘦弱的清人的写照

尽管陈旭年也是见过世面的南洋富商,但与"陈慈黉故居"中西结合不同,从熙公祠找不到任何异域痕迹,完全是本地土生土长的"府第式"民居建筑,陈旭年也把重点集中在装饰工艺尤其是石雕的完美上,竭尽全力把传统工艺推向极致。

当时,工程前后花了十四年工夫,共耗资 26 万多银元,其中有十年时间花在石构件的精雕细刻上。为了使石匠安心工作,陈旭年先在石匠的家乡潮州茶阳建屋相赠,开工后更是好烟好酒敬若上宾,让工匠吃好睡足之余再动手干活,精神稍一疲倦即令歇息。每天只让干一两个时辰,而磨刀的时间却要两三个时辰,怪不得陈旭年的后代讲,那些精美绝伦的石雕简直不是"凿"而是"剔"出来的。

用大理石砌成的从熙公祠门楼上的石斗拱、石柱、石雕画屏被称为该祠三绝。石斗拱上嵌有多层镂空花篮、通雕龙虾及各种奇珍瑞兽,特别是柱前多层倒吊镂空石花篮,玲珑剔透,工艺较之祠内的木雕花篮甚或过之,可谓凿石如木;门楼石柱则用潮州独有的"打巧"技法,使每根柱子12条锋利的棱角边线笔直坚挺、尖锐分明,锋利如刀刃,被当地人称为"割纸石";而最为精彩的是镶嵌于门楼石壁上的士农工商、渔樵耕读二幅石雕画屏,各由一块长120厘米、宽80厘米的巨石雕成,画面借鉴国画与戏曲虚拟空间手法,用"之"字形构图,通过巧妙穿插和经营,将二十来个不同时空的人物组成一个完整的画面,其透雕和浮雕相结合的形式、鬼斧神工的雕刻工艺,连同发生在其身上的"一条牛索激死三个师父"的故事,使从熙公祠声名远扬。

"一条牛索激死三个师父"的悲壮故事就发生在"士农工商"画屏里。传说当时为了雕刻牧童手里那条穿过牛鼻细长有如牙签的双股相缠的悬空牛索,竟有雕刻它的师公、师父、徒弟三位前仆后继,皆功亏一篑,凿断牛索而吐血身亡!

端庄威严的从熙公祠,仿佛如它那不可一世的主人

当然，传说不免有夸张的成分，但确有师公、师父二人，无论怎样小心谨慎，都在快成功时凿断牛索，觉得对不起主人，脸上无光，遂背起包袱从潮汕消失。到了徒弟上阵，才吸取师公、师父的教训，先将石块丢进池塘浸泡，再用杨桃汁使其变软，最后再细磨剔刮才大功告成。

后来，陈氏子孙认为原素雕效果不够富丽堂皇，请人将石雕画屏全部彩绘。不久，一个慕名而至的侨胞，因看不到被覆盖的质地而不信是石刻的，遂拿"动角"（拐杖）一敲，竟将牛索拦腰敲断，现在的牛索是用别的材料补加上去的。

从熙公祠建成后，陈旭年还特地从潮汕运去原材料并请去工匠，依照从熙公祠的格局在新加坡克里门梭路和槟榔路之间修建"资政第"。此建筑日后成为新加坡"国家第五古建筑"，并于1984年6月被印成邮票向全世界发行。

潮汕老厝

如此精致华丽的狮子，是典型的清代风格，精致有余，霸气不足！

左图 金漆木雕与泥金漆画相得益彰,共同构成金碧辉煌的视觉效果

右图 梁架上的"三载五木瓜,五脏内十八块坯",是传统民居屋架的典型样式

第一章 『潮州厝,皇宫起』

陈旭年的后代至今仍居住在从熙公祠两侧的从厝里,其多余的房子只能用以出租

从熙公祠门斗上的"渔樵耕读"石雕屏

从熙公祠门楼雕缋满目的石雕梁架,可看出工匠们凿石如木的本事

门楼斗上的镂空石雕花鸟屏,仿佛如一幅立体的宋元重彩花鸟画

第一章 「潮州厝,皇宫起」

从熙公祠石门斗上的"士农工商"石雕屏

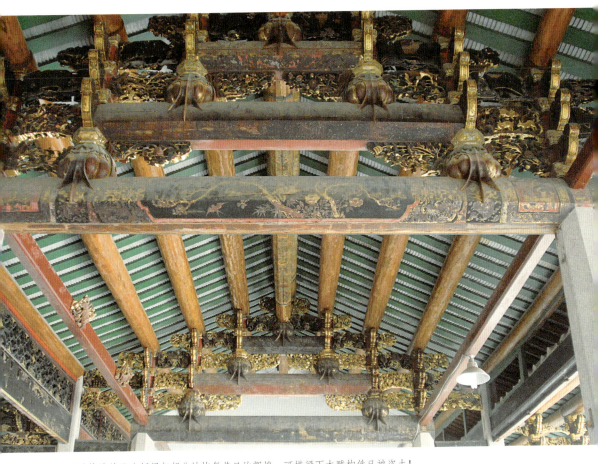

已重修的从熙公祠梁架部分地恢复昔日的辉煌,可惜梁下木雕构件已被盗去!

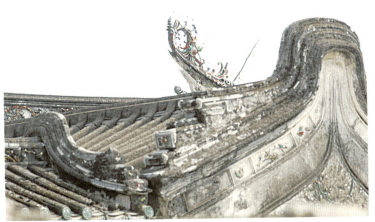

从熙公祠的厝角头采用"水木火相生"的形式,从次房逐渐生向主座,以祈香火旺盛

"潮州厝，皇宫起"

陈慈黉故居和从熙公祠虽说装饰风格不同，但就建筑结构而言，都是潮汕民间按皇宫式样建造的"从厝式"民居，而本地也有"潮州厝，皇宫起"之说。

将潮汕大型"从厝式"民居和以北京故宫为代表的"京都帝王府"比较，尽管气势规模不可同日而语，但其结构确有相似之处："从厝式"民居以形体最为高大端严、装饰最为豪华气派的大宗祠为中心和主体（如故宫的太和殿），然后是围绕着它按尊卑顺序依次在左右展开的小宗祠，以及附带的包屋或从厝（如故宫的东西宫），有的还在四面设更楼（如故宫的角楼），外面还挖有池塘和环绕的沟渠（如故宫的护城河），前面有宽阔的阳埕（如天安门广场），从而形成一个与故宫相似的对外封闭、中轴对称、形体端庄、等级森严、向心围合的建筑整体。这种格局的相似性，使"陈慈黉故居"有了"小故宫"之称，因此，潮汕的"从厝式"民居也常被称为"府第式"民居。

一进入潮阳，马上可见橘黄色屋顶，而榕江对面的揭阳还是素瓦

"潮州厝"之所以能"皇宫起",民间传说是因为明代潮阳贵屿华美村出了"假国舅"陈北科之故。陈北科原名陈洸,号东石,明正德六年(1511)二甲进士,授户部给事中,后任大理寺少卿、黄门侍郎等职,曾陪明武宗游江南。嘉靖十年(1531)被排挤回乡,两年后于家乡病故。传说当年陈北科赴京赶考时,在路上碰到前往京城认亲的国舅,二人成为好友,后真国舅途中病死,陈北科遂盗用其名进京认了皇亲,当起了国舅。一次上朝,天色忽变,雷电交加,大雨倾盆而下,陈北科慌忙躲进桌子底下藏了起来,皇上惊问其故,陈答曰:臣乡中屋舍,皆是泥作墙、草作顶之茅屋,不避风雨,故风雨一来即习惯爬进桌子底下以防不测云云。皇上听后,心生怜悯,特恩准他回乡按皇家式样兴建国舅府"黄门第",并由朝廷负责建筑材料。

因为有陈北科这一层特殊的关系,皇家式样首先在潮阳流行

如果从景山上望故宫见到的是金色的宫殿之海,在潮阳成田这里则是一条金波荡漾的小溪

向心围合、中轴对称的"从厝式"民居,是从古代宫殿和府第衍变而来的古老建筑形制

府第里悠深的巷道,在本地被称为"火巷"或"花巷"

起来,其显著的特点是屋顶居然用起了皇宫专用的黄颜色!这在京城是连王府也不敢用的,但潮阳人照样盖起了黄灿灿的大屋,并且自负地声称这才是真正的"皇宫起"。此外,结构和规模也往往"逾制"和"超标",如按照封建王朝的规定,公侯房舍最多"门屋三间五架"(见《明会典》),可是潮汕民居的门屋往往超过此数而多为"五间过""七间过"。山高皇帝远,模仿皇家的式样玩玩算不了什么,万一上头怪罪下来,找个当过大官的祖宗牌位往神龛一放,声称这是皇帝特许的,而在这些世家里找个有功名的人还不容易?再不行就出海一走了事。因为"州南数十里,有海无天地"的潮汕,有一股"黑潮"暖流从近海经过,顺着这股暖流,从潮汕出海的帆船极易漂向海外,所谓"帆风一日踔数千里,漫澜不见踪迹"(韩愈《送郑尚书序》)。潮人有了这一条海上通道,就更有恃无恐了。

对封建王朝住宅制度的藐视,反映出潮人以世家大族后代自居的心态和海洋文化的开放叛逆性格,这当然与潮人的身世来路和潮汕特殊的地理条件有关。

富甲潮州的城南民居群俯瞰

第一章 【潮州厝，皇宫起】

左图 林氏聚祖公祠内望，可见二层屋面的拜亭

右图 潮汕"府第式"民居的门屋多为"五间过""七间过"，图为揭阳市揭西县棉湖镇某宅屋顶

小桥流水人家，风景秀丽的揭东乌美古村一角

第二章 『京都帝王府，潮州百姓家』

"海滨邹鲁是潮阳"

地处东南海隅的潮汕，北与大陆腹地有连绵数百公里的五岭和武夷山脉阻隔，历代战乱传到这里已是强弩之末，向南则为波涛汹涌的台湾海峡和南海，东西两面有南阳山和大南山环抱，这种山环水抱的地理环境和与外隔绝的地理位置，在古代曾吸引一批一批逃避战乱的中原士民竞相迁入。

翻开一本本潮汕族谱，可看到这样的字样：祖宗居河南光州固始，或河北范阳，或长安京兆，或山西洪洞……它们大体上

潮人总喜欢将自己的来源和出处标示在门楣上，图为汕头市郊蓬州所城陈氏家族门楼上的堂号

潮汕背面有连绵数百里的五岭和武夷山脉,阻隔来自北方的寒气,使潮汕成为四季常青,长夏无冬的海滨乐土

位于黄河中上游的"河洛"地区。东汉时期,随着宗法制度的完善,"河洛"所在的中原地区出现一批显有特权的门阀士族,他们把持朝政,操纵皇帝的废立。由于中原地区曾是华夏文明的中心,是各路英雄逐鹿之地,战乱频繁。特别是西晋的"永嘉之乱",曾使中原陷入两三百年的动荡。当时,这些门阀士族为对付动乱,纷纷以血缘为纽带,以宗族为中心建起"坞壁"以自卫。后来,战乱加剧,他们便带领宗族南迁,据考证当时南迁士民占全国人口的六分之一。

"不指南方誓不休",听说南方偏安一隅,有大江和崇山峻岭阻隔,没有兵燹,是一块人间乐土。带着对安定生活的渴望,带着对世外桃源的向往,这些"河洛人"(简称"河佬")背起祖宗的神位,怀揣一抔乡土,穿过黄河,渡过长江,一路南奔至福建才稍事停歇。发源于河南卫辉县的潮汕林氏始祖、唐代的林蕴在《林氏族谱序》言:"今诸姓入闽,自永嘉始也。"唐末的林胥在《闽中记》也言:"永嘉之乱,中原士族林、黄、陈、郑四姓入闽。"

汕头市潮阳区金灶镇某宅正对巷门的枪孔

坞壁。宋元之际的史学家胡三省对坞壁的注释是："城之小者曰坞。天下兵争，聚众筑坞以自守，未有朝命，故自为坞主。"曹操的部将李典和许褚原就是坞主，他们带领宗族挖壕沟，筑寨墙，设望楼，贮武器，拥私兵，当时最大的坞壁可容纳万户以上，所谓"一宗将万室，烟火相接，比屋而居"（宋孝王《关东风俗传》）

在福建定居一段时间后，接下来的安史之乱又使"三川北虏乱如麻，四海南奔似永嘉"（李白诗），又有一批批逃难士族不断从北地涌入，使福建人满为患，于是，又有部分"河佬"，如欧阳修在《新五代史》所说的"以岭外最远，可以辟地，多游焉"，踏上了到岭外寻找新乐土的征途，南下进入潮汕。故"河佬"也被称为"福佬"。

无论是"河佬"还是"福佬"，都是来自中原的遗族。当他们乘船穿过南海的烟涛，或扶老携幼越过莽莽的五岭来到这里时，见逶迤丘陵从三面环抱着一块肥沃秀丽的冲积平原，把兵燹杀气阻隔于千里之外；脚下青碧见底的江河溪涧，引导着山川灵气，欢快地流向前面浩瀚的大海；潮水浸泡着岸边的老树，海风带来湿润的水汽，涤去了身上的征尘……他们精神一振，或许这就是能给子孙带来安宁和福祉的"风水宝地"。于是，他们停止了漂泊，先取出怀中的乡土，倒进潮汕的江河里，再用红土拌

路上征途,到岭外寻找新乐土的"河佬"

上点海滩上的沙与贝壳,做起土砖,筑起简陋的家祠,放上祖宗的神位,在这块有潮水往返的"潮"地上定居下来。诚如光绪《潮州志》所言,潮人"营宫室,必先祠堂,明宗法,继绝嗣,重祀田",以达到敬宗收族目的。清人张海珊《聚民论》(见清《经世文编》卷五八)中言"闽广之间,其俗尤重聚居,多或万余家,少亦数百家",他们"皆聚族而居,族皆有祠,此古风也"。

而与宗族在"闽广之间"重新聚集的同时,由于唐代开始了打击士族的措施,如科举制的出现,使中原北方士族逐渐瓦解,加之五代分裂,两宋或北或南,元又定都于北方,首都附近难以培养出世代巨族(因怕与皇室争权),以至于入明以后,"中原北方虽号甲族,无有过千丁者,户口之寡,族性之衰,与江南相去迥绝"(顾炎武:《日知录集释》卷二三);而江南地区又由于个体经济的发展,即所谓"资本主义"的萌芽,也使封建宗法观念渐趋淡薄,其以宗祠为中心的聚居意识日渐式微,其聚落也多是由松散的个体组合而成。

潮阳深洋谷饶乡高耸的碉楼,楼上各层均有可向外射击的"T"字形枪眼

潮汕老厝

"自古立大宗祠之处,族人阳宅四面围位",潮阳关埠东波古寨即如此

屹立于河堤之上,可俯视整个村子的澄海渡头碉楼

只有在"闽广之间"的"河佬"和"福佬",依然顽固地维护宗法观念,继续沿用祖先以宗祠为中心的向心围合、合族而居的方式。于是,潮汕乡村有了一座座规模巨大、中轴对称、主次分明的民居聚落。而且和门阀士族重视门第相似,那些祠堂的门额和灯笼上无一例外地刻上诸如"河西旧郡""颍川世家""西京旧家""九牧世家""济阳世家""渤海家声"之类的门第堂号,因为他们念念不忘在中原失去的身份。而潮汕"入门看人意,出门看阀字","门风相对,阀阅相当"(阀阅,俗称门簪,木门框上的一种构件,因其作用和形状与妇女发簪近似而得名。潮汕的门簪式样,几乎涵盖了古代中原所有的门簪式样,后定格为方方正正的官印式门簪)的俗语,均可视为魏晋门阀观念的残存。

除了"河佬"和"福佬"的迁入外,谪宦的教化也为潮汕带来了上层的中原文化,在唐宋的当朝者看来,僻远的潮州是流放官员的蛮荒之地,韩愈曾言"潮州底处所,有罪乃窜流",仅唐代就有常衮、李宗闵、李德裕、杨嗣复四位宰相被贬来潮,加上宋代的陈尧佐、赵鼎、吴潜、文天祥、陆秀夫、张世杰,两朝共十位宰相到过潮汕,史称"十相留声"。此外,还有张玄素、唐临、

从熙公祠巷门"义路"上的装饰,中间是已挖掉籽的苦瓜和秋瓜装饰,下为方方正正的官印式门簪,门簪上自右至左以"九叠篆"的形式写着"文章""华国"的字样

第二章 "京都帝王府,潮州百姓家"

卢怡、李皋、刘暹、洪圭、李宿、韩愈、丁允元等高官被贬来潮……其中最著名者为"潮人独信之深,思之至"的韩愈,谪潮仅八个月,却得以在潮汕"庙食千岁",以及有功于潮而得以"配食韩祠"的陈尧佐、陆秀夫和丁允元等人。

陈尧佐于宋真宗咸平二年(999)从开封府推官被降为潮州通判,在潮时间不满两年,但兴孔庙,建韩祠,戮鳄鱼,一切

65

潮汕古寨的渊源

原始穴居平面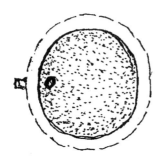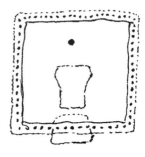

汉晋时代坞壁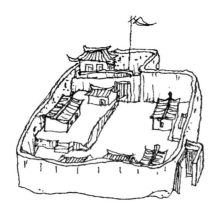

潮汕古寨

潮州牌坊。旧时潮州牌坊众多，仅潮州府城有史可考的就有154座，其中太平路47座，如果能保留至今，当堪称世界奇观

效法韩文公所为。后来当上宰相也"未尝一日忘潮"，还写过两首著名的"潮诗"，一首是："潮阳山水东南奇，鱼盐城郭民熙熙。当时为撰玄圣碑，如今风俗邹鲁为"(《送潮阳李孜主簿》)；另一首是："休嗟城邑住天荒，已得仙枝耀故乡。从此方舆载人物，海滨邹鲁是潮阳"(《送人登第归潮阳》)。从诗中可看出，宋代时潮州已颇为繁荣，文化气氛浓厚，简直可称"海滨邹鲁"了。

距陈尧佐离开潮州后近二百年，另一个从太常寺少卿被贬为潮州知州的常州人丁允元到潮上任，他置学田，迁韩祠，并在湘子桥*江心深处增建五座石桥墩，后人称之"丁公桥"，由是也得以"从祀韩祠"。

* 湘子桥，又名广济桥，位于潮州城东门外，传为韩湘子所建，故又名湘子桥，是世界上第一座启闭式桥梁，我国古代四大名桥之一。由于韩江江心流水湍急，故只在两边建24座石桥墩，中间用18艘木船连成浮桥相接，桥墩上建有各式各样的亭台楼阁，民谚有云："潮州湘桥好风流，十八梭船廿四洲，廿四楼台廿四样，两只鉎牛一只溜。"1958年被改为铁桥，现已按明代式样重建。

传说被贬潮的丁允元和时任潮州海阳县知县的福建晋江人陈坦关系不错,陈坦精于堪舆学,二人公余之暇,常一起寻幽访胜。陈坦向来以为潮州的风水好,有意将家眷从福建迁来定居,并已在潮州仙田择得一处称"凤囊"(本地称凤规)的风水宝地。当时,丁允元的家眷仍留在宋金交战的前线常州,因此也有意迁居潮州。于是,他坦率地对陈知县说:"你家在福建,暂无战火之灾;我家在常州,旦夕有兵刀之虞,你擅美地理,相地不难,这块美地能否先让给我?"陈坦踌躇不决。幸好不久陈坦又在濒海的秋溪官塘择得可逐年浮露扩大的地基一块,才将仙田让给了丁氏。丁允元遂将家眷迁到仙田,陈坦任满后也把家眷接来官塘定居。

丁允元和陈坦登临选胜图(林凯龙绘)

第二章 「京都帝王府·潮州百姓家」

　　为纪念此事，陈坦特留一房子孙到仙田与丁家同住，和丁允元约定，日后丁家不可欺凌留在仙田的陈家，丁家后代遵祖嘱善待陈家。虽然陈家八百多年来户数不多，但也形成陈厝巷，和繁衍几万人的丁允元后代和睦相处。

　　南宋"三大孤忠"之一的陆秀夫，原是江苏楚州盐城人，因在朝与宰相陈宜中不合，被贬潮州安置为辟望司。他拖家带口，一路奔波来到潮州辟望港口（今澄海城区）时，受到已在此占籍的潮州知州、宋大书家蔡襄六世孙蔡规甫的热情接待，蔡规甫不但腾出房屋让陆秀夫家人居住，还和他同枕卧，共起居，一起品茗论道，陪他登临选胜，并在南峙山和凤岭留下了"探骊""凤鸣岐岗"等摩崖石刻。

陈坦后代聚居的潮州秋溪官塘一角，其屋宇均朝向远处的潮郡文峰——钟灵毓秀的莲花峰

潮汕老厝

潮州仙田"丁宦大宗祠"正门,是丁允元后代纪念先祖的祖祠,至今仍有宋元建筑的遗风

潮汕的秀丽风光和朋友真挚的感情,让陆秀夫萌生以潮州为"家邦"之意。他在一首言志诗中叙述了这一段经历:"黜职携眷度远山,飘零辟望驻定安。碧山秀水缘夙愿,桑麻鸡犬作家邦。"

可是两年之后,风雨飘摇中的南宋朝廷又召回陆秀夫并加封左丞相,陆秀夫遂将好渔猎而不喜读书的长子陆繇和另外两个儿子留在潮汕,陆秀夫后代因而在潮汕繁衍开来,他们聚居的地方被称为"陆厝围",从"陆厝围"开始,陆氏后代逐渐扩散到潮汕各地。

宋代大学者和大文学家欧阳修在《新五代史》中写道:"唐世名臣谪死南方者往往有子孙,或当时仕宦遭乱不得还者,皆客岭表。"他大概不会想到,他的表弟、因不附和王安石青苗法而出知潮州的江西庐陵人彭延年,正拟隐居潮州呢!彭延年被贬潮后,曾率领潮州军民四战四捷,击退山寇对潮州的围困。之后,他被晋升为大理寺正卿。赴任之日,潮人老幼遮道涕泣,竟使彭延年累日不得脱身,于是,彭延年只得留下家眷赴任。后因厌倦官场倾轧,彭延年遂辞官隐居于揭阳梅云的厚洋村。

厚洋村位于梅溪环绕的浦口上,前对着宝鸭形的浮丘山,为一方形胜。彭公以皇上赏赐的金帛,在这里建了四望楼,构筑了碧涟亭,创置了有药圃园、东堂轩,左松右竹、负丘面泽的彭园。据说为修此园,他特地从家乡江西庐陵请来名匠负责建造(就如近代潮汕的大师傅常被请出国一样,这是内地建筑文化繁衍潮汕的最早实例)。此园建成后,朝廷有位姓邓的特使,参观彭园之后竟称洛阳富园、东园、独乐园,皆乏彭园之特色。

彭公平日登上四望楼,见脚下稻田千顷,农舍数间,好一派田园风光,遂吟成《浦口村居好》五首,其第四首云:"浦口村居好,盘飧动辄成。苏肥真水宝,鲦滑是泥精。午困虾堪脍,朝醒蚬可羹。终年无一费,贫活足安生。"平淡的语句透露出对潮州人稀地僻可以"终年无一费"的生活的看重。高官尚且如此,对于地狭人稠、"虽欲就耕无地力"的七闽民众来说,潮州的吸引力就更不言而喻了,于是出现了开篇所提到"河洛人"大规模迁入的一幕。

可见,"河佬"和"福佬"的迁入与谪宦的教化,最终使得潮汕"流风遗韵,衣冠习气,熏陶渐染,故习渐变,而俗庶几中州"(道光《广东通志》卷九二),成了名副其实的海滨邹鲁。

立于村口之"八卦",有镇邪去煞的作用

凤鸣岐岗。陆秀夫和蔡规甫同游凤岭,拔剑刻下"凤鸣岐岗"四字,至今犹存(林凯龙绘、蔡仰颜题)

潮汕老厝

从澄海"陆厝围"开始,陆秀夫后代扩散到潮汕各地,图为陆秀夫后代聚居的揭阳炮台东岭陆的一角

陈坦后代居住的潮安县秋溪官塘一角

创乡先民用贝壳砌成的墙

第二章 「京都帝王府·潮州百姓家」

"地瘦栽松柏，家贫子读
书"是潮人的优秀传统，
陆相后代也不例外

彭延年《浦口村居好》诗
意（林凯龙绘）

彭延年后代纪念先祖的祖
堂上的神龛

开基与风水

据潮汕各大宗族族谱记载，无论是"河佬"还是"福佬"，他们迁潮的原因往往和寻找"风水宝地"有关。

潮汕向有"陈林蔡，天下镇（占）一半"的俗语，其中林姓占第二位（在海外潮侨中居第一位），总数超过百万。潮汕林氏祖籍河南卫辉县，是商代名臣比干之后，晋永嘉年间，时任晋安郡王的林禄迁居福建，林禄生九子，均贵为州牧，故称为"九牧世家"。

"九牧世家"自宋代大规模入潮后，广泛分布于潮汕各地，特别是在有"林半县"之称的揭阳，林氏宗族势力强大，以至于民国时的揭阳县长如果不姓林，就没办法当下去。

揭阳林氏聚居人数最多的要数揭西的钱坑寨。该寨位于揭西县南部山区，和普宁县接壤，是一个绵延数公里的巨镇，全镇近十万人口基本姓林。然而，林家的天下为什么称为"钱坑寨"呢？这里面有个故事。

每年揭西钱坑新架山南山公墓前的大祭都极为隆重

钱家之屋,死无葬身之地。"钱员外慷慨地说:"此不用愁,新架山随你选一块地。"林南山喜出望外,正中下怀,遂破涕为笑,并请钱员外在白扇上题诗作契,钱员外持笔写道:"新架落龙白披披,结具山地传后代;林送钱家一对鹅,钱送林家一个窝。"

冬去春来,也许是真的得到这块宝地灵气之助,林南山娶妻生子,繁衍生息,逐渐发达,而钱家却日渐衰落。钱员外临终时动情地对林南山说:"这个地方日后恐怕是你们林家的天下了,但看在老友的面上,钱家寨这个'钱'字切莫改掉。"林南山答应了钱员外的要求,将"钱家寨"改为"钱坑寨",此寨名一直沿用至今。

林南山死后,就葬在自己挑好的这块"虎地"上。今天,这里已成了远近闻名的"名穴",每年的大祭都十分隆重,林南山派下的子孙数以十万计,遍布海内外,成为潮汕盛族。

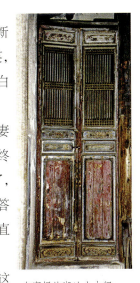

有窗棂的潮汕小木门

澄海莲下杜氏的开基也与风水有关。杜姓发源于长安京兆,南北朝时迁至福建莆田,到宋时出了个不喜功名却热衷风水、得易学大师邵康节真传的杜十郎,人称杜半仙。杜半仙虽精通风水,却不以此为生,一心寻觅佳地为"日后子孙计"。为寻觅能使子孙安宁和发展的宝地,他从莆田沿武夷山脉一路寻龙进入潮汕,先后找了五个地方都不十分理想,但当他来到尚属海滨荒芜之地的澄海南洋乡(今莲下)时,发现龙脉先托起一郡之文峰——钟灵毓秀的莲花峰,然后再潜溪过河一直延伸到海滨东陇河和莲阳河之间舒展结穴。因此认定南洋乡是一个来龙深厚沉雄、砂环水聚的理想佳地。于是,杜十郎遂将家族大部分人带往这里。

因"杜"与"肚"谐音,而潮人又将肚子称为"屎肚",肚里有屎象征着丰衣足食,于是,杜十郎特意请了两户姓史(与"屎"谐音)的人家来一起居住。在临终前还一再嘱咐子孙要善待史姓人家,不使绝后,子孙遵从祖训,故二姓一直和睦相处。后来,

揭阳桃山脚下的桃山乡一角，桃山为潮汕风水名山桑浦山的起点，位于今日揭阳潮汕机场附近

杜氏大宗祠还特意建在近茅厕的地方，也与此有关。

南洋杜氏日后人丁繁盛，成为当地望族。当代著名学者杜国庠即莲下兰苑乡人，在抗日战争时期，他曾以"一乡人口有十万，举世仅有我南洋"来应对老友郭沫若的"大佛身高近百尺，全国唯数吾乐山"，可见杜国庠对家乡人口众多十分自豪。

揭阳炮台镇桃山乡，是谢氏聚居的巨大乡落。谢氏发源于河南唐河县谢城，南北朝时最盛，谢安、谢玄、谢灵运皆一世英杰，与王导、王羲之的王姓并称"王谢"，所谓"旧时王谢堂前燕"，即指二姓是当时数一数二的世家大族。谢氏先祖随东晋王朝过江后，主要分布在江苏、浙江、福建、江西一带，到南宋末年，被杨慎称为"宋末诗坛之冠"的谢翱在福建自募乡兵追随文天祥抗元，转战进入潮汕。文天祥在海丰五坡岭方饭亭被执后，谢翱遂隐居潮汕，成为谢氏入潮始祖之一。桃山谢氏即是谢翱之后。

传说桃山谢氏开基始祖谢宗文原居于揭阳玉滘，其父谢东山富甲一方，元代末年，谢东山一家遭贼寇洗劫，谢东山和妻黄氏被杀，只有"赤脚"庶室石氏婆抱着黄氏所生的谢宗文和自己的亲生女逃脱。可是，在后有追兵的逃路上，一个大人带着两个小孩，理难全活，石氏婆只得忍痛舍弃亲生女而抱着谢宗文逃至地厝渡渡口。贼寇追及，问她为何舍弃亲生女而独抱谢宗文逃出，石氏泣言道："此儿是谢氏宗族的血脉所在，我不敢只顾自己的私情而断了先夫家族的血食！"贼寇听后，竟为其义举所感动而放他们过江。

桃山村有三级台阶的"爬狮"门面，"爬狮"以大门为嘴，上面两个通风小窗即为"狮眼"

石氏带着谢宗文过江后，流落到桃山潘员外家为佣。在石氏含辛茹苦地拉扯下，谢宗文长大后不但考中秀才，而且家业日兴，儿孙繁盛，几十年后成为一方巨富。致富之后，他"建宗祠，置义田，以赡穷乏"（见《揭阳县志》）。在石氏百年之后，特意刻

共有十八个围头、人口数万的桃山谢氏，是当地的大族。图为桃山三和村一角

左图 壁上楚楚动人的贴瓷仕女，似乎在讲述着苏六娘的故事

右图 这古老的石门斗，就见证过流传千古的苏六娘爱情故事

其"神牌"供奉于家祠龛首。几百年过去了，桃山谢氏发展成拥有十八个围头、人口数以万计的巨大村落。

在桃山南面，有一个创建于宋代的古村落，即苏氏聚居的雷浦村。传说当年苏氏祖先由福建到此，相中了这块"鹰地"，遂建寨定居。

可是，这块"鹰地"的鹰嘴正好对准桃山乡那状似仙桃的"桃山"，当时又有"活鹰"要啄食"仙桃"的传言，这使桃山人十分顾忌。

为铲除"鹰地"的地灵，桃山乡特请来风水名师孙仁。孙仁了解到二村接壤处那片状似"鹰翅"的竹林，因常有盗贼出没而使二村互相怀疑指责；而桃山村每逢死人出殡又必经过雷浦寨内，雷浦人嫌其晦气而常与争执，以这两件事为导火线，二村隙怨日深，并把火引到"风水"身上，大有水火不容之势。

孙仁是远近有名的"和事佬"，向来善用"风水"化解矛盾。他先设计使雷浦村砍去那片为盗贼渊薮的竹林，又对桃山人说"鹰"要食死人肉才能活，你们出丧时将棺木抬入雷浦寨内，岂不是喂活了这只老鹰。桃山人听后，恍然大悟，急忙绕过雷浦另传说此处在宋代以前,是杂姓群居之地,但在遭宋军扫荡之后,只剩下钱氏一支独旺,故称"钱家寨"。

据《钱坑林氏族谱》记载,南宋末年,宋大理寺评事大塘君之子、"饱读诗书,性好风水"的林南山(名均正,字渭玉)自福建避乱入潮。当来到榕水逶迤、群

林氏祖祠门楼上高高挂起林氏灯笼

山环绕有若桃源的钱坑时,意识到这是一个可以避世的风水佳地,遂决定在此寻找安身之所。

于是,他先屈身为钱员外做工,后又向他租借一间厝屋,自己养鹅放鸭,过起小日子。养鹅放鸭之时,留心观察山川形势,终于在新架山坡上觅得一块藏风聚气、山环水抱的"虎地",可以作为"生基"(墓地),但该地为钱员外所有,林南山苦于无计可得。

一年,钱员外寿诞,林南山特选一对大鹅前去祝寿。钱员外大喜,而他则在一旁流泪。钱员外惊问其故,林南山道:"生租

烈日下林南山子孙居住的钱坑寨一角

特意建在茅厕旁的澄海莲下的杜氏大宗祠门面，质朴无华

南洋杜氏聚居的莲下兰苑乡一角，鳞次栉比的屋面，显示出南洋杜氏人口之众

左图 苏六娘故居中的宋代覆盆式柱础,古朴而浑厚

右图 龙上古寨内的老街与牌坊和旗杆斗座,这些均是龙上古寨深厚文化积淀的体现

修一路以出殡。二村的隙怨和"风水"之争遂得以平息。

　　到了明代,雷浦村出了个家资殷富的苏员外,妻子郭氏是榕江对面的潮阳西胪人,曾怀孕五胎都早产天亡。后有风水师告诉他,问题出在他那建在"鹰地"的府第上,若要使子孙昌盛,应于府第前前后后种上浓密的树木。员外照办,在周围广植树木。不久,郭氏果然在元宵节诞下一女婴,取名六娘,苏员外视为掌上明珠。

　　苏六娘天生丽质,聪颖过人,见过的人都说是仙女下凡。六娘长大后,到潮阳西胪舅父家寄读,不料与表兄郭继春互相爱慕,二人竟背着父辈私订了鸳盟。后来,苏员外因与人打祖坟官司,到潮州府请能通天的杨书办帮忙。一日,杨书办偕儿子杨子良到苏府赴宴,恰好窥见美艳绝伦的六娘,魂不守舍的杨子良归后即害起了相思病。杨书办便托苏氏族长来说亲,苏员外求之不得,一口应诺。

　　六娘闻知,死活不从,后听从婢女桃花的主意,连夜过渡逃到京北桃花家中("桃花过渡"是潮汕最著名的民间小戏),伺机与表兄私奔。杨家探知后,十分恼怒,修书给苏氏族长,严厉责问苏家为何不守诺言,容许这种伤风败俗之事发生,并要求苏氏

前有榕江北河及支流汇合为潭，背后三山叠翠的龙上古寨是一个位于半山地带、由潮汕人所拥有的巨形圆寨

严行族规族法，惩治六娘。

苏族长于是谎称六娘父母病危，用计哄骗六娘回家。六娘一进村，族长即命人强行将其拖至祖祠，打开神龛，在祖宗面前历数六娘败祖辱宗的"淫奔之罪"，最后按族规将她装进猪笼，运至炮台京北渡口，沉入榕江双溪嘴活活淹死。表兄郭继春闻讯后悲痛欲绝，在西胪蹈江殉情。数天后村民发现二人尸体紧紧拥抱在一起，只得将他们捞起合葬。后来又传说这对有情人化为两只白海豚，长年在西胪和雷浦之间游弋，村民言之凿凿，不由你不信。这段千古爱情悲剧后来被搬上舞台，成了潮剧中的著名剧目。

传说雷浦之所以会出苏六娘这样美丽而"有伤风化"的女子，是其后寨门朝向桃山的原因，因为桃山总不免使人想起"桃花煞"。潮俗家宅也有忌种桃树的习俗，说桃树容易成精，蛊惑男人，徒生灾祸，而雷浦后寨门正对着植满了桃树的桃山，不出"有伤风化"的女子才怪呢！因此，自苏六娘事件之后，雷浦后寨门便被紧紧封住，直到现代才打开。今天，只有残破不堪的老宅，伴着那被当成垃圾丢弃的宋代石鼓，在向人们诉说着这个凄婉的故事。

在丰顺县汤南镇新浦口也有类似的故事。南宋景炎元年（1276），曾任南雄府沙水镇巡检的罗安从福建莆田来到此地，见榕江北河及支流从山中流出，在前面汇合为潭，背后三山叠翠，

潮汕地区保存完整的古戏台极为少见，这是揭西棉湖镇慈济古宫（奉祭保生大帝）前至今仍在使用的戏台

风光秀丽，遂把它"喝"成"出山蛇"之地（潮语"喝"有夸张比附之意，如"喝白铁"，指空口无凭，信口开河）。风水师喜欢把各种各样的自然形象，依照其外形特征，夸张比附成各种通俗易懂的灵物，称"喝形"，这些自然形象一旦"喝形"成功，就好像获得了相应灵物的魔力，成了充满生命力的机体，所谓"生气萌于内，形象成于外"。

"喝"成"出山蛇"之地后，罗安就规划在此建一个圆形寨——"龙上古寨"与之相配。该寨经扩建后，现已成一个占地1.6万平方米、内有三条宽6米的大街和六条宽3米的小巷、共有72座合院和11座祠堂的巨形围寨。

"龙上古寨"建成之后，没想到对面的黄姓宗族，偏偏占着一块"鹰地"，其鹰嘴正好对准古寨。鹰要啄蛇，长久下去恐怕子孙难保，罗氏家族

位于汕头市潮阳区某村的斑驳的"子孙门"，有如一幅色彩柔和的水彩画

郭文峰——澄海莲花峰下依山傍水、前低后高的"七壁连"民居

潮汕老厝

梁上风水也颇多讲究,上面悬挂装有"五种"的子孙袋,以祈求千子万孙,枝叶茂盛

架上河图,凸显出潮人对"河洛"文化的重视!

开始坐立不安了。于是,他们偷偷派人将黄氏祖祠前的一棵大榕树用盐水浇死,破了"鹰地"的风水,黄氏最后只得迁到榕城居住。

从以上例子可看出,"河佬"和"福佬"的迁潮确与寻找"风水宝地"有关。众所周知,风水学发源于黄河中下游,那正是潮人的祖居地之一,它随着"河洛人"的南渡被带到了南方,并分化为以江西为代表的形势宗和以福建为代表的理气宗。形势宗多着重以山河地理等自然环境的"形势"起伏变化来做出吉凶判断,由避黄巢时乱的唐朝国师杨筠松带入江西,并在他隐居的兴国三僚形成传派,风水大师辈出,其中以堪择明十三陵的廖均卿为代表的廖家,历史上曾出过几十个国师和钦天监博士。笃信风水的潮州是他们大显身手的地方,三僚历史上有"七廖下潮州"和"不到潮汕不出师"的说法,这意味着潮人懂风水、好风水,三僚的风水师都必须到潮汕来露一手才能见功夫。理气宗则以五行和星宿、气运方位的变动为依据,俗谓之飞星派,主要称盛于福建。受这两种风水理论的影响和熏陶,迁潮的福建和江西士民都有一定的风水学修养,他们或自任堪舆家,或聘请风水师,竭力为子孙寻觅一个可以安居的风水宝地,然后又在风水理论的指导下营造藏风聚气的居宅。

山环水抱的风水宝地

在海内外，潮人是以讲究风水著称于世的。过去潮汕的达官贵人、富商巨贾往往为争一块好地一掷千金，民间则有没完没了的风水斗法和诉讼，并喜欢把一切的休咎归结到风水中去。嘉庆的《潮阳县志》言本地："唐宋以来，创寨皆以其地之势，详作布局，依其局建屋，颇具匠心。"

风水理论认为大地的脊梁是昆仑山脉。昆仑山脉中有三大干龙入中国（这和当代"一带三弧"的地理理论相当接近），其中南龙支脉从福建顺武夷山一路奔腾进入潮汕，潮汕背部东南走向的莲花山脉是其分派，它是潮汕与兴梅地区的天然界线，也是潮汕的屏障。

通过卫星摄影，可以见到莲花山脉和从它两边伸出的大南山脉和南阳山脉，正好形成一个面朝南海、张开双臂成"门"形的巨人，紧紧地拥抱着潮汕平原，将来自北方的寒气阻挡在背后，而将来自台湾海峡和南海的温暖吉祥之气纳入了怀抱。流经

依山傍水、前低后高、环抱成团的揭东新亨某村

山环水抱的潮汕环境和民居的同构关系

山凹环抱的潮汕的地理

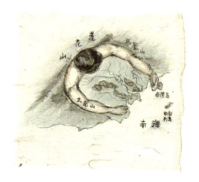

山环水抱的民居

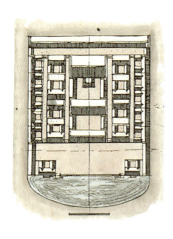

潮汕的韩江、榕江和练江，从群山中逶迤而下，引导着山川灵气，一波三折地流向汕头出海。出海口不但有桑浦和濠江诸山如狮象般的守护，还有南澳与妈屿诸岛如财星般的紧塞水口，使元气得以在近海回荡。一望无际的南海宛如潮汕的"内明堂"，广阔无边的太平洋宛如它的"外明堂"，南澎列岛和南海诸岛则如它的朝案；在"内明堂"，一股在台湾海峡和南海这个宝葫芦里流动的暖流，为潮汕带来了丰富的海产品和祥气，沃野上无数纵横交错的河道如经脉般的把灵气输送到各个角落。如此看来，潮汕平原似乎是一个来龙深厚，左右有低岭岗阜的"青龙"和"白虎"围护的三面环山，有大小适宜的抱水和内外明堂，水口山、朝案山具备的"山环水抱"的风水宝地。

揭东县月城某宅屋顶上，有一泥塑弯弓的武士，抵御着对面的煞气

"山环水抱必有气"，这是古人在长期观察实践中总结出来的理论。以"山环"而言，山环凹下的地方有如铁锅，是接收天地"真气"（宇宙背景微波辐射）最强的地方，也是最"聚气"的地方；而"水"以大比热成为最能吸收和储存能量的物质之一。风水学言"气界水则止"，天地灵气一遇到水，即为其吸纳蓄聚，然后水行气随，水止气蓄，"水融注则内气聚"。因此理想的风水是背山面水，山凹护卫，状若簸箕，形如坐椅，明堂宽大，水抱成环，这样才算是"山环水抱"的美格，才有好的穴位。潮俗有"在生勿住向北厝，死后勿葬向北坟"之说，此话道尽了风水学精髓，因向北意味着和潮汕的风水美格相悖，因而得不到天地的佑护。

村因水而秀，人因水而智，水使乡村景致更加妩媚，更加"聚气"，图为普宁果陇乡一景

传说潮汕是块"有气"的风水宝地，自宋代起就能出"三斗芝麻官"，当时的潮汕确也人才辈出，宋代潮州登进士者有172人，著名的有许申、张夔、刘允、林巽、王大宝、卢侗、吴复古，他们后来被尊为潮州前七贤。

这块人杰地灵的福地既吸引了一批批移民，也引起一些居心叵测的外乡人的眼红。传说宋代潮州知州林监丞就是这样的小人，林监丞平时威风八面，每次出巡都耀武扬威，官气十足。有一天，当他经过潮州意溪当朝龙图阁学士刘龙图老家时，正好碰到悄悄回乡的刘龙图在家，刘龙图有意杀杀他的官气，就让人把官帽官服摆在家门口晒太阳，前呼后拥的林监丞一见刘龙图官帽官服，以为大官在上，慌忙下轿对着官帽官服长跪不起，头不敢抬气不敢出地跪了个把时辰，刘龙图才命人收起官服，林监丞这

位于澄海程洋岗乡铁门楼内围合环抱、藏风聚气的老屋

才起身悻悻离去。这件事传开后,成为笑料。林监丞恼羞成怒,决意破潮汕风水以报复,并以潮州知州的身份付诸实施。传说桑浦山向来被认为是黄牛地(一说是"目目灵、穴穴发"的"倒地梅"),林监丞令人在牛喉的地方凿一深沟,以断其灵气,据说这条深沟现在还在,叫风吹巷。

揭东县桃山乡某书斋里植于中庭的荷花,颇有纳吉之意

　　建于南宋绍兴年间的揭阳县城,为榕江南北河环绕而成,被誉为"浮水莲花",清代名宦蓝鼎元称它"四郊皆洪流断岸,环城内外胥泽国也,平畴无际,绿稼如云,依稀三吴风景,潮属十一邑推最胜焉"。传说建城后,林监丞执意要破其风水,但当他登上揭阳城东北面的黄岐山向下望时,却错将"浮水莲花"看成"冲天蜡烛",遂下令县城家家门口挖河贯水,欲以水灭掉"冲天蜡烛"的火。殊不知这样一来,充足的水源反而使这朵"浮水莲花"更加名副其实,揭阳县城也以"北窖通南窖,前溪接后溪"(明人车份《题玉窖桥》诗)和"城中竹树多依水,市上人家半

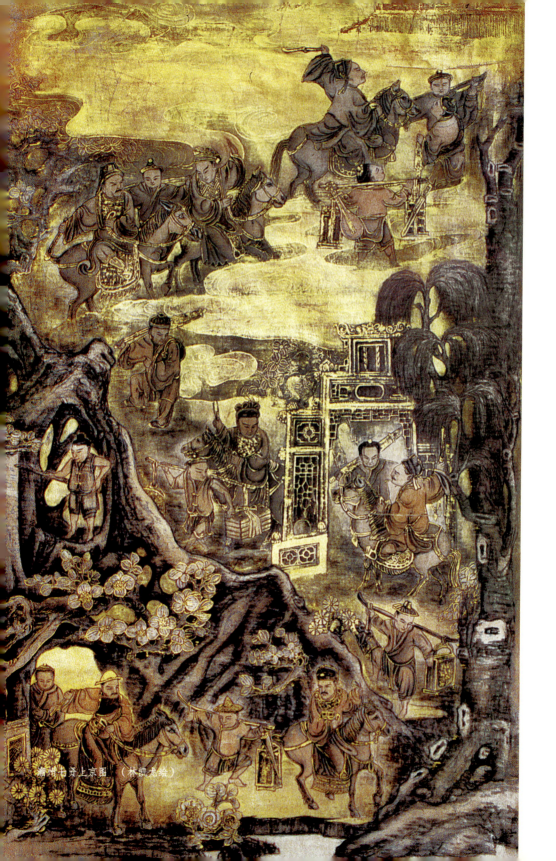

潮州七贤上京图 (林凯龙绘)

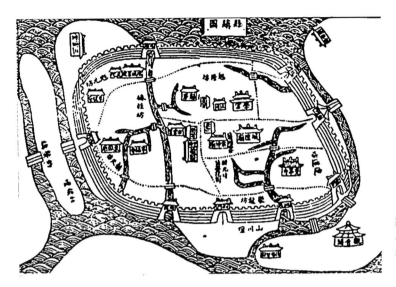

建于南宋绍兴年间的揭阳县城，因城中居民多植竹树，市上人家半系船而有"小苏州"的美誉

系船"（明潮州府同知邱齐云《至揭阳县》诗）而获得了"小苏州"的美誉。

在澄海莲花山也有类似的林监丞"弄拙成巧"的传说。其实，这类传说滑稽不经，两宋潮州知州中也没有林监丞一人，林监丞的产生应是潮人出于根深蒂固的风水情结所虚构出来的一个反面人物。

和林监丞破潮汕风水相反，到了明初，来了一位以风水学造福潮人的"虱母仙"何野云。据光绪十三年（1887）的《潮阳县志》卷一三载："明初有虱母仙者，精于青乌之术，至潮为人择地，而多不扦穴，听人自得之。矢口成谶，后吉凶皆如券。故人往往阴识之，以为验。"传说他曾是元末起义军陈友谅的军师，陈友谅败于朱元璋后，他以风水师的身份隐姓埋名云游来到潮汕，被酷爱风水的潮人留了下来，潮汕各地特别是潮阳有很多他为民解困、造福人间的传说。由于终日蓬头垢面、衣裳破旧，生了一身虱子，于是被称为"虱母仙"。

潮汕民间新厝入宅，一般都会请"师公"来"打油火"，图为普宁某乡新祠堂落成之际"师公"在举行"打油火"驱邪仪式（李维逸摄）

屋顶上的"风狮爷"有挡煞的作用

梁架上的"福圈"、装有五谷的"五种"等，有祈求福禄和千子万孙之意

第二章 「京都帝王府，潮州百姓家」

榕树因在潮汕被称为"神树"或"成树"而受人顶礼膜拜，潮汕因此留存有很多数百年老树

流落到潮汕的"虱母仙"为潮人择地（林凯龙绘）

终日疯疯癫癫的"虱母仙"在潮汕留下了很多与他的名声相衬的充满智慧的风水建筑,一些奇形怪状的建筑如潮阳的仙城和仙城门、歙寨门、风水歪门等,都会托名"虱母仙"所为。"虱母仙"死后成了潮人的"风水神"。潮汕和泰国建起了几十处供奉他的坛庙,过去潮人特别是潮阳人,要起厝、修路、开渠、凿井、营葬之前,都要到坛庙去摔杯请日,择吉开工。今天,位于潮阳贵屿凤港乡的"虱母仙"墓地还被建成了规模宏大的何仙陵,成了潮阳名胜。

左图　此乃风水歪门,其朝向的设立多受理气派风水的影响

右图　文林第的门窗天井,处处有风水的讲究

从"坞壁"到围寨

宋风水大师蔡元定在《发微论》中指出：住家若四边旷野，不见人烟，或山地独居，总不吉利。从外在社会环境而言，南迁入潮的宗族与宗族之间、宗族和土著之间，经常为争夺生存空间而发生冲突；加之明以后倭寇的袭扰与战乱，迫使潮人不得不沿用祖先在中原建造"坞壁"（见第66页"坞壁"图解）的形式，在潮汕建寨聚居。此即清人张海珊在《聚民论》中所言"闽广之间，其俗尤重聚居，多或万余家，少亦数百家"（见《清经世文编》卷五八）之风俗。

一个外有沟渠寨墙环绕、内有碉楼望塔守卫的封闭式围寨就是一个独立自足的大聚落。如建于北宋的象埔寨就是一个总面积超过2.5万平方米的巨大方寨，里面有三街六巷，如里坊般整齐地排列着72座府第，仿佛是一个缩小了的长安古城。建于明代的龙湖寨占地1.5万平方公里，东枕韩江，南环沧海，烟庐万井，民物殷盛，为海滨之沃区，明代全盛时聚居的人口以十万计。被

创建于宋代的潮阳和平古寨，原名蚝坪，南宋末年，文天祥驻兵于此，因感于此地"地气和平"而为之改名为"和平"

潮汕老厝

"以水为龙脉,以水为护卫"的潮阳沙陇盐汀寨,是一个方形巨寨,为郑氏宗族所拥有

誉为"海国干城"的鸥汀寨,外有溪池和水田环绕,占地十几万平方米,居民多达六万。这些均可视为汉末魏晋时代"坞壁"在潮汕之再现。

"围寨"的外形会先从环境的角度考虑。比如在"蟹地",宜建八卦形的围寨,"鼎"地宜建圆形、方形寨,"蛇"地会考虑建椭圆形寨,"虎地"一般会盖成方形寨等。总之,会依地理形势的变化和风水师的意见而采取不同的形式,力求和环境合拍。有山的地方,利用山岳作为靠山,以远峰作为朝向,采取坐实朝空、负阴抱阳布局;近水的地方,利用"水龙"作为护卫,因风

左图　炮台岭仔乡屹立于"下山虎"后面的碉楼。

右图　嘉峪关魏晋墓壁画中的坞壁,可看出与左图在结构上的相似性

 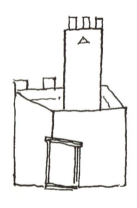

潮阳关埠上仓,由相联结成"品"字的三寨组成,位于"品"字上方的吴氏老寨是一个"玉带围腰"的圆寨

水学认为"人身之血以气而行,山水之气以水而运","平洋地阳盛阴衰,只要四面水绕归流一处,以水为龙脉,以水为护卫"(《地理五诀》),故而采取"坐空朝满"的形式。故近水的村寨往往随溪流而婉转,"以水为护卫"形成了各种形状的村寨。

如汕头潮阳区的沙陇镇,西南为大南山,东北面为练江的入海处,地势西南高东北低,村寨多面向西南远山,取"坐空朝满"的格局。村寨也顺着"水龙"而设,如建于"虎地"的东里寨就是一个四面有溪流沟渠的方寨;溪尾寨因地处龙溪溪尾而得名,龙溪在这里环绕成一处圆形的"鼎地",溪尾寨就建在上面成为

由各自独立又互相联结成"品"字的三寨组成的潮阳关埠上仓,住着吴、林、曾三姓

潮汕老寨和唐代王维所绘的《辋川山庄》比较

王维的《辋川山庄》

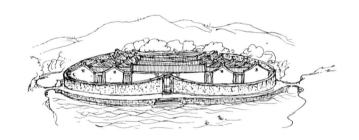

典型潮汕老寨

一个四面环水的圆寨，寨内的巷道首尾相接成圆形，民居厝屋因随巷而转被誉为"浮水莲花"；沙陇南部的葫芦寨，因溪河环绕成葫芦状，寨墙也筑成葫芦状而得名。

又如靠近榕江的潮阳关埠上仓村，由各自独立又互成犄角的吴、林、曾三寨组成"品"字，处于"品"字上方的吴氏老寨，是一个以溪流为护卫的俗称"玉带围腰"的圆寨。处于"品"字下端的林氏和曾氏，则依溪流走向各自建成了方形寨。

有些村寨还特意在寨前开挖月牙形或半圆形的池塘以蓄水，因"塘之蓄水，足以荫地脉，养真气"（清林牧《阳宅会心集》）。

揭阳仙桥永东乡有围墙的椭圆形古寨,高高的寨墙,深深的护寨河,是动乱年代的见证

水是财富的象征,"前逢池沼,富贵之家,左右环抱有情,堆金积玉"(《水龙经》)。这一池清水是一村的"财库","财气"随流水源源而来,再顾盼而去,清澈的水面倒映着远处的山峰和村边的榕树,娟然如拭;一到夏日,清风徐来,村童和鸭子在池中嬉戏,极具诗意与美感。村因水而秀,人因水而"智"(孔子云"仁者乐山,智者乐水"),而水臭则人愚且多破耗。

寨门之外,常见一桥翼然,是为出入通途。为避免路桥直冲,寨门一般侧身旁开,并设有"玄关",寨门墙角上供着土地神,本地称"伯公"的,上面常设有枪眼望孔的更楼。水口附近,还要有小桥或古庙扼守,以固一村元气。寨门附近,有被称为"成树"的大榕树,潮俗有"前榕后竹"之说,寓意"前成后得",榕树也被称为"神树",树下常有人祭拜,当然不可乱砍滥伐,潮汕因而能留住不少千年古树。

寨门之外，常见一桥翼然，为出入通途，同时，也起着锁水口的作用

经过窄小的寨门之后，空间豁然开朗，前面是阔大的广场式阳埕，这是村中的多功能场所，有时白天晒谷，晚上演戏，大祭时摆满了供桌就成了祭拜的场所。它的后方就是以大宗祠为中心的民居群落了。

风水学认为："君子营建宫室，宗庙为先，诚以祖宗发源之地，支派皆本于兹。""自古立大宗子（祠）之处，族人阳宇（宅）四面围位，以便男妇共祀其先。"（《阳宅会心集》）《潮州府志》也言，潮人"营宫室必先祠堂，明宗法，继绝嗣，崇配食，重祀田"。因此，大宗祠理所当然地成了村寨的中心，其他建筑只能按次序环绕大宗祠而建，于是，就形成了这样的格局：大宗祠的左右是小宗祠，然后是火巷（又称花巷）和厝包（包屋），它们从三面护卫着大宗祠，其外围往往是一座座重叠相连称为"下山虎"的三合院和称为"四点金"的四合院，最后就是坚固围合的寨墙了，如果不专建寨墙，最外围那首尾相接、朝向中心的围屋就兼具寨墙的作用。这样，就形成一个内为府第，外有沟渠寨墙环绕的典型潮汕围寨。

第二章 「京都帝王府,潮州百姓家」

村前清澈的池塘是一村的"财库",水浊则多破耗

村因水而秀,人因水而"智",水臭则人"愚"

"下山虎"和"四点金"

"下山虎"(又称"爬狮"),是潮汕民居的最基本合院单位。"下山虎"的形状如下山之虎或爬行之狮,它以大门为嘴,两个前房为前爪,称"伸手",后厅为肚,厅两旁两间大房为后爪,有如浑身是劲,张开大口,吸纳天地精气,时时蓄势待发的狮虎。为了最大限度地吸纳贮藏精气,它的大门还被做成凹斗形式,使整个建筑成嘴阔、径窄(内门框)、肚大的如葫芦般的富于变化的空间,以达到藏风聚气的目的。

"下山虎"形制十分古老,广州出土的汉代明器和北京故宫博物院藏的传为隋代展子虔所作的《游春图》中可见其前身,其格局与云南白族的"一颗印"建筑也颇为相似。

如在"下山虎"前加上前座,就成了四角上各有一"金"字形房间压角的"四点金"。"四点金"后面的大厅是祭祖的地方,

潮阳成田20世纪80年代村民自建的成排的"下山虎",颇具规模

两边的"大房"是长辈居住的卧室,门厅两侧的"下房"是晚辈与仆人的居室,天井左右有回廊和南北厅,有的还有两间小房,做厨房或柴草房用,又称"格仔"。"格仔"与大房之间有通外面的侧门,称子孙门,取多子多孙出入之意。

"四点金"形体庄重,极像一个以后座的厅堂为身,"大房"为两肩,"伸手房"为双臂,"下房"为交手的抱气入怀的人体,它中间敞开的庭院天井是其虚怀纳气的空间,这种格局和风水学中"山凹环抱"的风水美格是同构的。

"四点金"一般对外不开窗,窗只开向内庭。这是因为"凡屋以天井为财禄,以面前屋为案山。天井阔狭得中,聚财"(《阳宅撮要》)。"财气"从大门或从上天降临积聚于天井后,再通过各房门窗"吸"进屋里,再对外开窗就是葫芦漏气,财气外泄。

"四点金"方正对称的格局极易扩展为宗祠和家庙。潮汕的宗祠就是在"四点金"的基础上扩建而成的:如将"四点金"回廊两侧的"格仔"和天井与后厅之间的"隔扇"(隔断),以及后厅和左右大房的墙统统拆去,使堂与堂、堂与厅之间相连,成为一个以中庭为中心的上下左右四厅相向的"亞"形空间结构,在大堂放上祖先灵位及神器,就成了可以祭祖的二进祠堂。王国维

"爬狮"的"仿生"结构,它以大门为嘴,两前房为前爪,后厅为肚,如一蓄势待发的狮虎

坐落于虎山脚下的普宁燎原镇泥沟村,因风水的讲究,村中上千座"下山虎"与环境浑然一体,是潮汕民居"天人合一"的典型。图为村中一栋独立"下山虎"

潮汕民居"下山虎"的来源

东汉的三合院

隋展子虔《游春图》

潮汕民居

"四点金"左右对称、紧凑简练,方正的天井位于中庭,好像是"挖"出来的,图为揭东县京岗村某宅

"四点金"扩展为宗祠和家庙。图为由"四点金"串联上"下山虎"而成的三厅祠堂

在《明堂寝庙通考》中言古代宗庙、明堂、宫寝"皆为四屋相对,中涵一庭或一室",指的就是这种布局。

从这二进的祠堂开始,通过"四点金"与"下山虎"之间串联并联,即可组成大型民居群落。如在二进祠堂的中间串联一"下山虎"就成"三厅祠堂"或"三厅亘",这样不断串联下去可达"五厅亘";又因中间的厅是通透的,只用木雕屏风和闪门隔扇隔成客厅,以接待重要客人,故中厅也叫官厅(一般客人只在

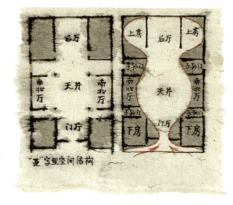

"四点金"仿葫芦的空间结构,极易扩展为"亚"字形的二进祠堂

门厅接待),它是宗族聚会和举行婚丧寿诞家礼大典的主要场所。

祠堂后厅则是摆放列祖列宗神龛的场所,最为高大神圣。举凡族祭、社祭、醮祭、祖宗的生忌日等都要例行祭祀,每隔数年要举行一次大祭。大祭时摆上全猪全羊和其他各式各样的供品。这时,老人们会穿起马褂,戴上礼帽,随着主祭的号令,毕恭毕敬地磕起头来,经过多次的鞠躬祭酒和献供之后,鼓乐炮仗齐鸣,好不热闹。

为便于举办大规模的祭拜活动,祠堂厅堂必须阔大。然

三厅相连的大宗祠的中厅,是接待重要客人的地方,故叫官厅

阔大的宗祠是大规模宗族礼仪活动所必需的。图为吴复古子孙在祭祖

而，按照"小堂宜团聚，中堂略阔而要方正，大堂宜阔大亦忌疏野"（《阳宅撮要》）的原则，太过阔大的厅堂就不免"疏野"而不聚气；且空间过大阳气太盛，而祖宗的神灵属阴，从祖宗牌位仰望所见到的天空（风水学称为"过白"）不宜太多。因此，为抑制祖宗神灵前过盛的阳气，潮人就在后厅与天井之间再建一"拜亭"（也称"抱印亭"）。从"拜亭"这一时间和空间的交会点出发，上可抑制神灵前的阳气，使祖宗能够安享祭

左图 "四点金"式祠堂两边的走廊及南北厅

右图 "四点金"后子孙门，为家人平时出入的边门

潮汕老厝

"四点金"回廊两侧的"格仔",可以当厨房或柴草房用

祀,还可为前来祭拜的子孙遮日挡雨,又增加建筑气势。因而,"拜亭"的设置是潮人重宗法制的见证。至于有的学者把这少见的建制当成是古代明堂建"通天观"的遗制,这又聊备一说了(可参阅余英《中国东南系建筑区系类型研究》一书)。

将北京四合院和潮汕"四点金"比较,可看出二者的不同:同为四面闭合的合院,四合院院落较大但不一定在中心,宽大的庭院是由一系列房屋和连廊"围"合而成;"四点金"则房房相接,左右对称,紧凑简练,天井位于中庭,北方宽大的庭院被缩小为狭小方正的天井,好像是"挖"出来的。四合院大门都开在东南角或西北角上,这是因为京都之地皇权甚重制度严密,只有皇帝的宫殿和庙宇大门能居中面南,故"四合院"不能在南面中央开门,而应依先天八卦(即伏羲八卦)将大门开在西北角(西北为艮,艮为山)或东南角(东南为兑,兑为泽)上,这样才能使"山泽通气"。

由于先天八卦宋代以后才开始在北方流行,对宋以前南迁的"河洛人"影响不大,故潮汕"四点金"还是依照宋以前的古制,把大门开在中轴线上,且居中而面南。这一点可从"四点金"和唐宋四合院的相似性得到印证:传为唐代王维所画

"四点金"大堂上的"香几",是摆放祖先神位的神圣之地

"拜亭"是潮汕祠堂颇具特色的建制,它既可抑制祖宗灵前的过盛的阳气,还可为子孙遮日挡雨,又增加建筑物的气势。此为揭阳仙桥古溪祠堂

从祖宗牌位仰望所见到的天空,称为"过白"。"过白"不能太大,否则阳气太盛,故建拜亭抑制阳气,控制"过白"

的《辋川图卷》中的"竹里馆"四合院,北宋画家乔仲常所作的《后赤壁赋图》(美国纳尔逊-艾金斯美术馆藏)中的苏东坡在黄州的宅第,其形制几乎与潮汕"四点金"如出一辙,因此可以断言,和保留了大量古代词汇的潮汕方言一样,潮汕"四点金"确实原汤原汁地保存了宋以前中原四合院的形制与格局。

"四点金"与唐宋四合院及北京四合院的比较

王维《辋川山庄》中的「竹里馆」

苏东坡在黄州的「四合院」

潮汕民居「四点金」

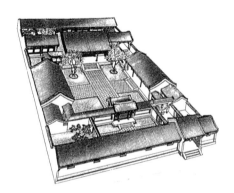

北京四合院

潮汕民间的灶台及"咸酸橱"。灶台上有灶神牌位,每年除夕要"祭灶"。苏东坡有诗云"明日东家当祭灶"是也

新"四点金"民居侧影,外墙开了两个小窗,已非古制

在两座"四点金"挟持下,中厅上加盖拜亭扩展而成的"四点金"式祠堂傲然挺立于中间

揭东县桃山乡连成排的"下山虎"

普宁县果陇村成片的"四点金"

"四点金"庙宇侧面。中间天井上的拜亭,增加了建筑物的气势,也为朝拜的子民遮风挡雨

这是一座以"下山虎"为主体,左右配巷包,开龙虎门的俗称"双抱印"的一落式民居

老厝"四点金"的门厅。此为著名泰国侨领郑午楼在潮阳老家所盖的"四点金"住宅

第二章 「京都帝王府,潮州百姓家」

"驷马拖车"和"百鸟朝凰"

"驷马拖车"和"百鸟朝凰"是潮汕最著名的大型府第式民居,由"四点金"和"下山虎"按向心围合、中轴对称的原则组合联结而成。

以一座多进的大宗祠为中心,两旁并联两座规模小一点的"四点金",成为中间大、两边小的三座"四点金"相连,称"三壁连",五座"四点金"相连就称"五壁连",最多达到"七壁连";如在"三壁连"或"五壁连"两边加上两条火巷、从厝(因从厝和火巷细长似剑,故又称为"双佩剑")和后包,这样就成了"驷马拖车"。

"驷马拖车"是一种形象的称谓,有正体和变体多种形式。清光绪年间,潮阳关埠镇下底村的云南提督黄武贤的府第,就是由"五壁连"衍变成的正体"驷马拖车"。

一般的"驷马拖车"由"三壁连"衍变而成,中间供奉列祖列宗神位的宗祠象征"车",左右两边的次要建筑象征着拖车的

揭东县曲溪镇某村的"驷马拖车",中央高大端严的正座象征着"车"

黄武贤（1821—1898），潮阳关埠镇下底村人，出身贫寒，30岁时应募加入清军，奋战沙场二十余年，因胆略过人，作战勇敢，屡建奇勋，从兵勇跃升为千总、总兵直至提督。曾奉命征战西北，收复被外国势力侵占的乌鲁木齐与吐鲁番等地。后升为云南提督，官晋一品封为"建威将军"

"马"。这样，坐在"车"上的列祖列宗就由居住在两边的象征"马"的子孙拖着，轰轰隆隆地从古代走了过来。家族的兴衰，祖宗的荣光，子孙的昌盛在这宏大的建筑物中隐约可见。

"百鸟朝凤"又称"三座落""三厅亘""八厅相向"等，其主体建筑是由两座以上的"四点金"串联而成，有三进三落或四进四落，不过要有一百间朝向中心厅堂（称"凤"）的围屋才算够格。如揭西棉湖郭氏大楼，即为清雍正年间贩卖红糖起家的

潮阳下底云南提督黄武贤府俯视，该府是潮汕典型的正体"驷马拖车"，由"五壁连"衍变而成

"驷马拖车"以中座为车，左右次要建筑为马。图为揭东县曲溪镇某乡的"驷马拖车"

郭来所建的"百鸟朝凰"，该楼占地5000多平方米，五进院落，带四条火巷和从厝，后有"去天尺五"的高14米琼楼为"凰"。建楼之时，宅地只够盖99间房，边角上有一钉子户说什么也不肯出让，为凑足一百之数，郭来只能在井下水面上向旁边再挖一间朝向中心的暗房，使之成为真正的"百鸟朝凰"。

建于清同治年间的光禄公祠，曾是官至巡抚的大吏丁日昌的宅邸，占地6000余平方米，以中间一座二进祠堂为中心，组合成一类似繁体的"興"字形建筑格局，"興"上半部主体建筑有房96间，下半部为东西四个斋房，共计100间，也是名副其实的"百鸟朝凰"。

揭阳丁府，以祠堂为中心，组合成一繁体的"興"字形"百鸟朝凰"格局。上半部96间，下半部4间，共100间

"百鸟朝凤"格局的揭西县棉湖郭氏大院。地面共有99间房,还在井下挖了一间暗房,以凑足一百之数

普宁果陇庄氏祖祠是一处典型的左右有龙虎门,既向心围合、抱成一团又可向外辐射的"驷马拖车"建筑群落

揭东某乡由五座"四点金"相连而成的"五壁连"

第二章 「京都帝王府,潮州百姓家」

潮阳棉城文光塔前的明代石雕狮子

丁日昌故居光禄公祠中间高大的"凰"

丁日昌的"百兰山馆"一角。丁日昌(1823—1882),又名丁禹生、丁雨生,丰顺县汤坑人,贡生出身,清咸丰年间由江西庐陵县县令入曾国藩幕,后协助李鸿章办洋务,曾任两淮盐运使、苏淞布政使、江苏巡抚、福建巡抚等职,光绪年间会办南洋海防,节度水师,并兼理各国事务大臣,是洋务运动中的著名人物。晚年退居揭阳,家富收藏,藏书十余万卷,是海内三大藏书家之一

"京都帝王府,潮州百姓家"

"驷马拖车"和"百鸟朝凰"都是以宗祠为中心,左右有护厝和后包围护的中轴对称的"从厝式"民居群落。这是从古代世家大族居住的宫殿"府第"衍变而来的古老的建筑形式,因而保留了一些古代"京都帝王府"的遗制。也许正因为如此,这种集居住与祭祀于一体的"祠宅合一"的民居群落,才常常被称为"府第式"民居。

然而,为什么汉唐时代的"府第"独独在地偏一隅的潮汕一带传下来呢?这是因为与世家大族在潮汕重新集结的同时,中原士族却逐渐式微;而江南和三晋等地区又由于明清以后个体经济的发展,即所谓"资本主义"的萌芽,使原来"比屋而居"的大型聚落逐渐为强调个体和私密性的单门独户的"四厢式"民居所

建于民国初年的普宁燎原镇泥沟村亲仁里,是家庙与住宅并列的祠宅合一建筑。图为亲仁里屋顶一角

潮汕府第和中原古代大型建筑平面的比较

唐代《戒坛图经》的律宗寺院

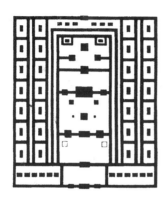

明三达尊黄府

故宫平面图

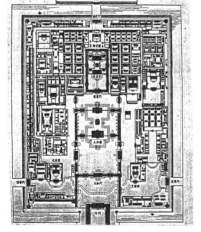

潮汕驷马拖车平面

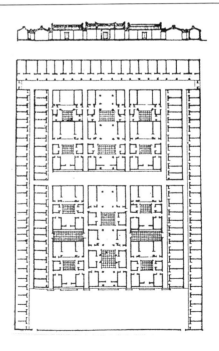

潮汕老厝

澄海南盛里雍荣华贵的隔扇

取代,虽然,他们在村落意义上还是聚集在一起,但其聚落多是一些个体合院叠加而成,未能和潮汕聚落一样形成一个体现封建宗法礼制观念的向心围合、中轴对称、主次分明的有序建筑整体。

可见,地偏一隅的潮汕,因其根深蒂固的宗法宗族制度,才使这种能体现礼制观念的"府第式"民居得以留存。"京都帝王府"终于成了"潮州百姓家"。

高大威武的大宗祠是府第的中心。图为普宁果陇村庄氏宗祠主座

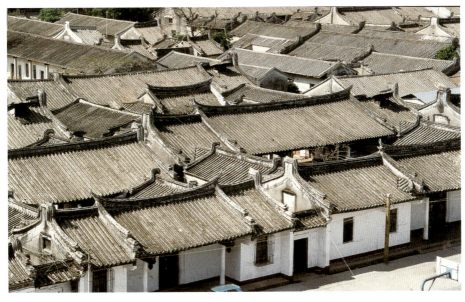

潮汕府第的代表——气势非凡的普宁洪阳德安里中寨屋顶一角

汕头市潮阳区金灶镇前洋村福安里是规模巨大的"百鸟朝凰"建筑

揭阳登岗陈厝洋德寿里是一处中西合璧的府第，图为其幽深的巷道

第三章 潮汕府第

从瓦屋到府第

潮汕民居在宋代就已引起士大夫的注意了。

大约一千年前，潮州前七贤之一的吴复古就以为潮汕瓦屋始于韩愈，并请好友苏东坡在《潮州韩文公庙碑》中为韩愈写上这一"功绩"。苏东坡没有遵命，并在信中解释说："然谓瓦屋始于文公者，则恐不然。尝见文惠公（陈尧佐，谥文惠）与伯父（苏涣）书云：岭外瓦屋始于宋广平，自尔延及支郡，而潮尤盛，鱼鳞鸟翼。"故在《潮州韩文公庙碑》中"不欲书此"。

揭西林氏聚祖公祠华丽的拜亭，有双重屋檐的"鱼鳞鸟翼"屋顶

"鱼鳞鸟翼"的潮汕屋顶和古代屋顶的比较

敦煌壁画中魏晋屋顶

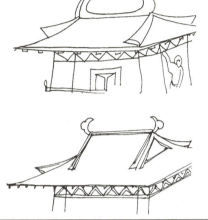
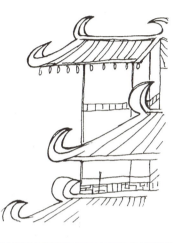

宋《营造法式》之屋顶

潮汕民居屋顶

这就是苏东坡致吴复古信中所提到的"鱼鳞鸟翼"的潮汕屋顶,这种形制从宋一直延续至今

潮汕老屋

高耸挺拔的屋脊是潮人认家的标志

檐牙交错、各抱其势的屋角是古代屋顶的延续

这是涉及潮汕民居的最早文献，信中所说的宋广平是武则天时期到玄宗朝的名相宋璟，陈尧佐认为岭外的瓦屋始于此时。史载当时广州刺史李复曾在岭外推广以瓦易茅的官方行动，且持续百年，这当然对潮汕瓦屋的普及产生相当大影响。但在此前，澄海龟山的汉代遗迹已有红瓦青瓦，唐开元年间兴建的潮州开元寺已是规模宏大的寺院，故只能说宋广平时代是瓦屋在民间推广的年代。

陈尧佐在潮为官近两年，这期间，他目睹了"福佬"的大规模迁入以及大量瓦屋的兴建，因而发出了"而潮尤盛"的感叹。他还将潮汕瓦屋的特点概括为"鱼鳞鸟翼"。今天，潮汕乡村仍可随时随地见到这种屋脊中间微凹、两端起翘如燕尾渔舟的弧形屋脊，以及"如翼斯飞"的人字披屋顶和反宇起翘的屋角，其造型与某些保存至今的唐宋寺院和宋《营造法式》一书中的屋顶十分相似。其实，这种没有半寸之直、空灵流畅的造型是古代建筑的特点之一，南迁入潮的士族因为离开祖地最远，也最珍惜这种祖宗遗制，才能留传至今。

第三章 潮汕府第

中间微凹、两端起翘如燕尾渔舟的"鱼鳞鸟翼"的潮汕弧形屋脊

苏东坡煮茶图。坡公与潮汕之贤吴复古最为知心,东坡被贬南来,他数次前往探望。坡公曾在惠州松风亭下烹茶待复古与僧契此(林凯龙绘)

吴复古,字子野,号远游(为宋神宗所赐),生于揭阳蓬洲,曾被授皇官教授,后归隐潮阳麻田山,筑远游庵,创揭阳炮台南潮乡。东坡遇赦北还,吴复古以96岁高龄追至清远峡送行,因不胜老迈劳累,病逝于归途

许驸马府和沟南许地

在苏东坡提到潮汕瓦屋的时候,潮汕现存"府第式"民居——潮州市葡萄巷的许驸马府也快兴建了。它是陈尧佐的学生、潮州前七贤之一许申的曾孙许珏所建的府第。民间传说因许珏娶了英宗长女德安公主,故称为驸马府。

许氏的入潮,最早可溯至唐代初年潮泉之间发生"蛮獠啸乱"期间。当时,唐高宗命陈政、陈元光父子率5600多名府兵,又以许天正为副将率123名将士前来征讨。乱定之后,许天正被封为宣威将军,奉旨驻扎南诏(今与潮汕交界的福建诏安)。许天正第十一代裔孙许烈,在宋真宗大中祥符年间从诏安迁居潮州,儿子许申后来成了潮州前七贤之一,许申曾孙许珏娶了北宋英宗长女德安公主而成了驸马爷,并建有占地面积2000多平方米的许驸马府。

建于北宋治平元年(1064)的许驸马府,经过历代大修之后,宋代实物已所剩无几。1982年曾对二进的木柱和三进的楹

正在重修的许驸马府正面俯视。目前,整座府第已焕然一新了

娶北宋英宗长女德安公主而成了驸马爷的许珏画像

桷做碳14测定,确定为明初替换之物,但该府还多少保存了一些宋代特点:方正规矩的布局(许府面阔42米,进深47米),三进大厅与插山成"工"字格局,出檐平缓且呈弧形弯曲的屋顶,起翘的翼角与二层的蝴蝶瓦(底瓦凹面朝上,上再交叠凹面朝下的瓦片),刻着古朴莲纹图案的木门簪与高高的门槛,竹编的灰墙和雕饰,简单的梁柱等。而那三进的院落,五间过的开

许驸马府梁架雕饰,此为重修前旧影

许驸马府之木隔断

间,既有从厝,又有后包的以中庭为中心的主次分明的建筑,则是"源于古老的地主庄院,以后因当地根深蒂固的宗族制,使其演变为带护厝与后包的形式"(潘谷西主编《中国古代建筑史》第四卷),从而成为潮汕"府第式"民居的始祖。

许驸马府大门重修前之模样

到了宋元之交,许氏十一世孙许弘烈,迁到了桑浦山南麓的一个叫紫菔垅(今汕头市沟南许地)的地方创业。紫菔垅地处潮澄揭三角地带,村前有韩江支流经过,因与远处榕江出海口互相呼应而为明堂。自高处观之,"前苞后竹中潟湖"的紫菔垅宛如一个以湖堤为柄的倒地花篮,而紫菔垅所倚的庄陇山,从村口望去,宛如一头驯服之巨狮伏于村右,更妙的是狮嘴上还有一口终年不竭的泉水涓涓流下,这就是潮汕著名的"流涎狮"!为了得此狮的灵气,村里还特意修了一座朝向此巨狮的古庙,惜近几十年来被邻村当成采石场的狮头已惨遭破坏!

"紫菔垅"之得名,当与风水师的预言有关,盖"紫菔"者,"紫服"也,为古代贵官之朝服,言其子孙中必有身着"紫服"为朝廷命官者;今天,沟南村许氏大宗祠前墙壁上嵌有十八座旗杆斗座,这仅为清嘉庆以来沟南许氏子孙中十二位尚书、翰林、

"前苞后竹中潟湖"的紫菔垅如一以湖堤为柄的倒地花篮,为远近闻名的风水宝地

进士、举人所立表功名的旗杆，加上宗祠原存的"进士""文魁""兄弟同科""叔侄同榜""武魁""一门三甲第"等牌匾，可知沟南许氏子孙功名之盛。"紫服"之言，实不虚也！

到了清乾隆三十七年（1772），沟南许氏第十五代孙许永名又迁往广州高第街落籍经商，深厚的文化底蕴和儒商的传统使高第街许氏很快成为当地的名门望族。在清末民初这个乱世出英雄的年代，高第街许氏一口气出了两部尚书许应骙，慈禧太后宠臣许应骙，国民党元老许崇智、许崇灏，东征名将许崇济、许崇年，鲁迅夫人许广平，广东省副省长、中山大学校长许崇清等人。许崇清曾言："近代什么翰林、进士、举人，什么按察使、巡抚、总督、侍郎、尚书的衔头我家都有。"（见《许崇清文集》）

今天的沟南许地，不但深藏着众多大夫第（清代五品及以上文官称大夫）、儒林弟（儒林郎，清代六品文官）、文林第（文林郎，清代七品文官）簪缨之家，而且还有不少美轮美奂的宗祠，其中以建于清代末年的世祜许公祠最为辉煌。该祠是许氏十八世

沟南村许氏大宗祠前墙壁上嵌有十八座旗杆斗座

沟南许地前的狮爷，前面香炉里插着"金花"，燃着蜡烛，显然刚有人祭拜过

孙许世祜在汕头埠经商成功后回乡所建的家庙，规模不大，但以精致华丽、玲珑剔透的嵌瓷著称，特别是祠堂主座上那条保存完好的通雕嵌瓷，堪称潮汕工艺的代表作品。

潮汕老厝

紫菔垅所倚的潮汕风水名胜为远处的"流涎狮",但其狮头已遭破坏

许氏十八世孙许世祐所建的家庙——世祐许公祠

赵氏始祖祠和铜门闾

汕头市潮阳区棉城赵厝巷口,有座建于宋熙宁十年(1077)的赵氏始祖祠,人称赵厝祠,是迁至此地的宋太祖三弟魏王赵匡美后代创建的祖祠。该祠地处赵氏子孙聚居的"葫芦地"中心,原为三落二从厝加拜亭的合院式布局,后因两条从厝被侵占,目前仅剩五开间面积近1000平方米的主体建筑。

赵氏始祖祠门额"赵氏始祖祠"与背面的"资忠履孝"传为宋真宗所书,整座建筑简洁大方,颇具宋韵。建筑结构为抬梁式与穿斗式混合,中厅梁柱用名贵的"铁梨木",因赵氏为皇族,在本地又有"宋时一门三代五进士,元时一门两代五荐举"的美称,因而能用此原为皇家专用的名贵木料,其他如梁枋、斗拱、瓜柱等则用红木或樟木。墙体以花岗岩为墙基,用贝灰加沙土、糯米等夯筑而成。

左图 赵厝祠是迁至此地的宋太祖三弟魏王赵匡美后代创建的祖祠

右上 赵厝祠正面俯视

右下 赵厝祠门上的石雕构件,人物造型生动,是典型的宋代风格

潮汕老厝

赵厝祠为抬梁与穿斗混合式结构，梁柱粗大，木瓜无饰，是宋元时代的特征

右图　赵厝祠门额"赵氏始祖祠"与背面的"资忠履孝"传为宋真宗所书

下图　赵厝祠中厅梁柱为名贵的"铁梨木"

第三章 潮汕府第

宋景炎元年（1276），时任朝奉大夫的赵嗣助因母老归潮，景炎三年（1278），文天祥驻兵潮阳，赵嗣助变卖家产，募粮劳军，名载县志。其故居名"和庆堂"，即在"葫芦地"的嘴口附近。"和庆堂"为宋代进士赵若龙所建。该堂坐西向东，为三落二从厝布局，占地面积3000多平方米，各厅房由石柱、石基石支撑，大门由巨大的暖色花岗岩砌成，因呈古铜色，故俗称"铜门间"。配上刻着莲纹图案的青石门簪，古朴协调，落落大方，为国内难得一见的保存完好的宋代从厝式府第。

左图 赵嗣助故居"和庆堂"，为赵嗣助祖父、宋代进士赵若龙所建的三落二从厝

右图 "和庆堂"木雕莲花门

"铜门间"大门由暖色花岗岩砌成，配上刻着莲纹图案的青石门簪，古朴协调，落落大方

潮汕老厝

左图 "铜门间"柱石上有铭文规定后代子孙不许将祖宅出售、出租和典当

中图 已被拆除的传为赵嗣助曾祖父盖的赵氏祖屋上门楼,其木门框上刻着古朴莲纹图案

右图 以赵厝祠为中心的潮阳棉城旧城区正面临被拆迁的危险,图为另一处正准备拆迁的古建"八房祠"

与不远处刚被拆除的赵氏祖屋上门楼相比,"铜门间"之所以能完整保存至今,除了赵氏子孙的执着与坚守外,还有一个重要的原因是建堂之初,建造者即有铭文规定后代子孙不许将祖宅出售、出租和典当!今天,面对各种威逼利诱与高楼大厦的侵占挤压,"铜门间"与赵氏始祖祠依然傲然挺立于棉城闹市之中,和不远处的文光塔一道,为我们这些千城一面的现代城市,留下了一丝文脉和古韵!

下图 "八房祠"古老的石门墩

右图 赵氏祖屋上门楼。已于2013年初被拆

长美乡和袁氏家庙

在流经潮汕全境的韩江、榕江和练江三大江中，处于中间的榕江，是一条蜿蜒曲折、支流密布的大江，特别在揭阳渔湖一带，榕江南北河绕缠围合，形成了一块葫芦状宝地；在这块被称为"浮水葫芦"的宝地上突出部，有一个枕河而居、溪港错落的元代古村落——渔湖镇长美村（俗称"潮美""潮尾"）。

长美村是一个枕河而居、溪港错落的元代古村

长美村位于揭阳"浮水葫芦"的宝地上突出部，是个拥有三重水神的风水宝地

"村居之胜,左宝塔,右仙桥,翠岫列屏,清江绕座,比间一姓,烟火千家",这是两广总督蒋修铭于清嘉庆十八年(1813)为长美村《袁氏族谱》所写的序,对以涵元塔为文笔峰,以仙桥紫陌山为笔架山,以黄岐山为屏,以南山为案,清溪绕寨的长美村"趴地虎"风水格局,做了真切的描述。

实际上,长美袁氏先祖也是相中长美村的形胜,经"择地三转"才迁至这个有三重水神的长美乡之地,而长美村的营造,据说还参照了京城右社左庙的布局。

宋神宗元丰六年(1083),在兵部尚书任上的浙江龙游县人袁琛,因附和司马光、苏轼反对王安石变法被贬为潮州刺史。变法失败后,朝廷召袁琛官复原职,但年已66岁的袁琛却情愿退隐潮汕,终老于海阳县(今潮安县)云步乡。到哲宗绍圣年间,袁琛的三子袁熙(宋元祐进士,累官卿史中丞)又从云步乡迁至揭阳渔湖都化龙桥西侧创建袁厝寨。一直到元成宗大德九年(1305),袁琛的七世孙袁贤(大德四年举人)、袁敦(元世宗至元二十三年进士)才迁至长美村定居。

元代民居"积庆堂",为袁贤、袁敦营造的"孩儿坐轿"式建筑

第三章 潮汕府第

以家庙为中心，由六十多座元、明、清各式民居组成的长美村一角

　　相传当年袁贤、袁敦先在长美村"来龙入首处"搭草棚栖身，后择地营造"孩儿坐轿"式的居宅"积庆堂"，再在村西建伯公宫以接黄岐山来脉，复于元代泰定年间在"积庆堂"之东建"袁氏家庙"，最终形成一个以家庙为中心，由六十多座元、明、清时期的"下山虎""四点金""三厅亘""驷马拖车"等各式民居组成的巨大村寨。

左图　在村南家庙前立象征三公、九卿之太微垣大寨门

右图　在村西北紫微垣方位立长美门为全村正门

潮汕老厝

在巷口南西侧文昌星方位立书香门,书香门外有个小码头,可供捕鱼小船泊岸

由于袁氏先祖大都在朝为官,故长美村的营造,也参照了京城的布局——以"川"字形村巷和"品"字形埕场为骨架,形成一个南北走向与北京老城极为相似的长方形整体,环寨一周筑防御寨墙和护寨河,然后按天文三垣(紫微垣、太微垣、天市垣)立八个寨门:在村西北紫微垣方位立长美门为全村正门,因始祖袁琛为兵部尚书,故在村南家庙前立象征三公、九卿之太微垣大寨门,再于北方天市垣方位立象征市井商贾的天市门,在

袁氏家庙门匾为明万历探花宰相张瑞图所题,张瑞图号"二水",由于相信水能克火,民间喜欢用他的字

巷口南西侧文昌星方位立书香门，在东南文曲星方位立东头门、西南立书斋门，在西方火星位立水门，在东方紫气位立紫气门等（参阅袁勃锐《长美村风水格局》）。

袁氏子孙相信，袁氏一族之所以能科甲蝉联，仕宦辈出，除了村居合局外，还在于祠堂得气。

风水学既是环境美学，又能激励后人努力以"成此宅相"。如《晋书·魏舒传》载，魏舒幼年丧父，寄养在外祖父家，后外祖父起宅，相宅者云当出贵甥，舒得知后言："我长大后一定要干一番事业，当为外氏成此宅相。"也许，正是袁氏先祖对科甲、功名、文运极为重视，并不遗余力进行相关布置，营造出一种对后代子孙有暗示性的环境，使得子孙能奋发于科场，如袁熙就是揭阳县有史可考的第一位进士，历史上长美村登进士者有11人、举人23人，诚所谓"科名继起，人才辈出，为都里望"，因而被誉为"榕江之滨进士村"。

有"尚书门第，御史家风"之称的长美村人文鼎盛，历史名人吕公著、鲜缙、张瑞图、史贻直、郭之奇等都曾有墨宝留在袁氏家庙

上图 袁氏家庙梁架上的木雕装饰

右图 村南大寨门边上的元代石鼓,为袁氏家庙初建时的遗存

袁氏家庙后厅天井中间有一溜五个圆形"珠石"连接中厅和后厅

宝陇乡和林氏家庙

在潮州府城开元寺旁边,有一条俗称牌坊街的太平路,排列着47座各式各样的石牌坊,其中有一座是几年前重新修复的"三世尚书"坊,背面镌"四朝大老",巍然矗立于分司巷口上。潮州人都知道,这座牌坊是表彰明代先贤林熙春的。官至户部左侍郎(正三品)的林熙春死后,连同祖父林瓒、父亲林乔槚被朝廷追封为"三世尚书",而高寿的林熙春曾历官于万历、泰昌、天启、崇祯四朝,因而又有"四朝大老"之说。

林氏家庙神龛上的祖宗神位

左图　林氏家庙上的明代麒麟装饰

右图　林熙春死后,连同祖父、父亲被朝廷追封为"三世尚书",图为三世尚书府之明代石狮

林熙春凤凰塔题诗图
（林凯龙绘）

林熙春（1552—1631），字志和，号仰晋，潮安县庵埠镇宝陇村人。万历十一年（1583）进士，初授四川巴陵县令，后调京师，任可以直接向皇帝进言的都给事。万历二十三年（1595）冬，兵部考选军政，喜怒无常的万历帝一时斥逐谏官34人，朝中大臣人人自恐，不敢上疏，只有林熙春毅然上《伸救言官疏》，慷慨陈言，几乎让皇帝下不了台，恼羞成怒的万

左图　林熙春倡议浚通三利（中离）溪，亭中碑记即为其所撰

右图　林熙春力倡在江东鲤鱼山建三元塔以镇鲤鱼精，图为三元塔

林熙春辞世后朝廷特赐"三世尚书",谥"忠宣"。其子孙也被称为"尚书派",今天,"尚书派"子孙正准备集体聚餐

"林府"灯笼与别处的灯笼不同,其"林"字被刻意写成黑色,成了远近闻名的"乌林"灯笼

历帝竟将林熙春贬为茶陵州判官。林熙春拒不赴任,宁可选择回乡赋闲,而且一住就是二十四年!其间"未尝只字入长安",可见其生性的刚烈和志向的高远。至泰昌元年(1620),万历去世,光宗即位,起用旧臣,年已68岁的林熙春才重返朝廷,从南京仪制郎中累迁至大理寺卿。到天启四年(1624),因不满阉党魏忠贤横行,连上六疏乞休,得允准并以户部左侍郎告归。回到家乡不到一月,阉党之祸发,为害酷烈,林熙春引退及时,似有先见之明。

回乡之后,年逾古稀的林熙春致力于为乡亲谋福祉,如为潮州争监税,减里役,筑炮台于海口,浚三利溪,修龙头、东集等桥,倡建凤凰台、三元塔和玉简峰塔,重修文庙、乡贤祠,还捐赎佛寺田百亩作为秀才"科试"费用等。

崇祯四年(1631),年届80岁的林熙春辞世,朝廷特赐"三世尚书",谥"忠宣"。其子孙被称为"尚书派",逢年过节,他们都会在祠堂、家宅大门贴上"三世尚书"横批并挂上"林府"灯笼,但奇怪的是其"林"字被刻意写成黑色,成了远近闻名的"乌林"灯笼,这又为何?

原来,这是出于风水的讲究。因五行中"林"属木,水能生木,

宝陇村中池塘众多，前后左右均有溪流环抱，环境优美

为了得西南方向的庄陇山为靠山，宝陇村祠堂一反常态地采用坐南朝北的朝向，图为在北面水流映衬下的宝陇林氏家庙

有溪流环抱，正好围成一个近似八卦形状的宝陇乡卫星图像

家庙大门外有一座两侧嵌有青色通花琉璃窗的石牌坊，故该庙又被称为"青窗祠"

而"水"在五行中属北，其色为黑，因此把"林"字刻意写成黑字，以水生木，使"林"木茂盛。与之相应，宝陇村的祠堂也多坐南朝北，这一方面是为了借西南之庄陇山为靠山，另一方面也因为北方之"水"可以生木；而该村前后左右均有溪流环抱，又正好围成一个近似八卦的形状，这样，从中心向四周辐射的民居厝屋又刚好构成了八卦中的"爻"，其风水的设计与著名的浙江兰溪诸葛村的风水布局有异曲同工之妙！让我们不得不佩服林氏先祖的风水修养。

南明兵部尚书郭之奇所撰《林尚书熙春略传》大匾

刚祭拜完祖先正在清洗的宽敞的"青窗祠"

"林乔楫"府是林熙春高中后为其家严建的居宅,图为府内子孙正在祭祖

左图:"青窗祠"的"青窗"

右图:"林乔楫"府两个门簪头为凸出的方形,对角朝上下,刻有"福""禄"变形字

开三山门,大门全以木材筑成的林氏家庙就坐落于村北,为三进带二火巷护厝的布局,主座面宽18.3米,进深347.4米,

因家庙大门外有一座两侧嵌有青色通花琉璃窗的石牌坊,故又称为"青窗祠",此也因木属"青"之故。"青窗祠"分二期建成,前二进建于明万历二十五年(1597),由乡人林鸣凤主持,后面由告老还乡的林熙春续建,后来虽经多次重修,但明代的格局和装饰风格仍基本不变。

在林氏家庙的左侧,还有一座酷似"驷马拖车"的"林乔槚"府,该府是林熙春高中后为其家严林乔槚建的居宅,占地约

描绘林大钦中状元屏风

林大钦(1512—1545),号东莆,潮州金石仙都村人,少时家境贫寒,但勤勉好学,熟读苏氏文章,正所谓"苏文熟,吃羊肉;苏文生,吃菜羹",年仅20岁的林大钦即以"咄嗟数千言,风飙电烁"的三苏笔法而被钦点状元及第,成为潮汕历史上唯一的文状元。传说林大钦少时以善对著称,13岁到银湖村设帐时,乡绅见他乳臭未干,出对"银湖院后虎耳草"考他,他随口以"金石宫前龙眼花"对之。又传说中状元后,皇帝赐他骑马游街三日,京城百姓争相观看,皇太后来迟一步,未能睹新科状元正面,命他转身回马。可林大钦年少气盛,心想"好马不回头",于是只用扇子将状元帽往后一拨,算是给太后正面。太后好不气恼,随口骂了句"早死喽",不料一语成谶,林大钦果然早死

1700平方米,计有厅房47间,原有各种石、木门框共100个,后因怕有逾制之嫌填了一个,但仍存99个门框。其门楼、天井、台阶皆为石结构,两个门簪头为凸出的方形,对角朝上下,刻有"福""禄"变形字,与其他地方不一样,不知是明代古制抑或还有什么"玄机"。

与"林乔槚"府相似,潮州金石仙都村明代嘉靖年间的状元林大钦的祖屋(官厅)等,也是带护厝的多进的"府第式"民居。

潮州市西平路北段的明代崇祯年间的黄尚书府,该府主人为南京礼部尚书黄锦,黄锦是明代的累朝元老,被尊称为"三达尊",该府也被称为"三达尊黄府",其平面布局也与"驷马拖车"相似。同样建于明末的揭阳榕城东门莲花心的潮州后七贤之一郭之奇(1607—1661)府第,也是三进带护厝的"驷马拖车"的建筑,可见从宋到明,这种带护厝的府第式"驷马拖车"建筑已渐趋稳定与成熟,此后便稳定地在潮汕大地上延续下来。

建于明末的揭阳榕城郭之奇府之"金马玉堂"。郭之奇为崇祯戊辰科(1628)进士,潮州后七贤之一。历任南明礼部、兵部尚书,武英殿大学士,兵败流亡缅甸。清顺治十八年(1661)被执送清廷,坚不就降,英勇就义

郑大进府

当过直隶总督的郑大进是清代潮汕最大的官,他的府第位于揭阳玉窖镇仙美村。但其规模较之其他府第显得十分不起眼,这也许与郑大进为人低调有关。

传说郑大进的家乡仙美村与相邻的池厝渡村有宿怨,过去仙美人少,常被池厝渡人欺负,到仙美出了郑大进,村民遂写信给他要他向池厝渡人报复。郑大进回信说远亲不如近邻,"有千年池厝渡,无百年郑大进",你们借助我这不到百年的郑大进报复有何用呢?日后只能冤冤相报罢了。村民接受他的劝解,二村遂成为友邻,至今和睦相处。

从郑府比其他"府第"狭小这一现象可以看出,清代潮汕民间的府第已脱离了"官府"和"门第"的含义,逐渐衍变为庶民

揭阳玉窖仙美村郑大进府第"爱日堂"

的基本居住模式,民间按财力和实际需要决定它的大小,而不在乎它是否逾制和越级。其中尤以清末至民国最为明显。

清末至民国是潮汕的大型府第兴建的年代,这一方面得益于鸦片战争后中国社会的急速转型,混乱的社会所诞生的一批英雄,他们不但手握重权,而且经济充裕;另一方面也得益于汕头成为中国"唯一有一点商业意义的口岸"(恩格斯1858年语),以及潮籍华侨在海外的成功和他们"衣锦还乡"的心态。因而无论是从规模上还是工艺上都远远超越了过去,与国中著名的"晋中大院"和"徽州民居"相比并不逊色,就如"潮商"的成就不逊于"晋商"和"徽商"一样。

第三章 潮汕府第

揭阳玉窖仙美村建于明代的老府,前面很多旗杆斗座,反映出郑氏宗族在功名方面的成就

府第门壁上的贴瓷,古艳而绚丽

除了旗杆斗座比别人多外,"爱日堂"和潮汕民间自建的"府第"没有什么区别

德安里

清末的潮汕,有三个名震一时的"大人",即潮阳的官至云南提督的黄武贤、揭阳的官至巡抚兼理各国事务大臣的丁日昌、普宁的"方大人"方耀。这三位"大人"或以武勇,或以才干,靠的是实际经验而不是空言和科举来摄取高位。他们在官场互相策应,对国家和潮汕有所贡献,赢得了普遍的尊敬,并且都在潮汕大地留下了巨宅。其中规模最大的是官阶最小,但对潮汕影响最大的"方大人"所建的德安里。据说另两位"大人"的府第也需要"方大人"的资助才能竣工。

方耀是揭阳普宁县洪阳镇人,年轻时正值太平天国起义,乱世出英雄,他先在父亲率领的民团中当副官,后看准时机自募乡勇加入清军,经过十余年征战,先后打败了太平军的侍王李世贤、康王汪海洋等。在肇庆的一次激战中,他与副将卓兴(揭阳棉湖人氏)以所部八千人迎战兴王陈金刚十万大军,竟连续攻破太平军的巨型堡垒,焚其粮草,断其退路,迫使陈金刚部下反

德安里老寨是一"百鸟朝凰"的建筑群落,有一百间房屋围绕前中心高大的宗祠展开

德安里新寨后包是由一排相连的"下山虎"组成的,共七座

并排而立、气势恢宏的德安里老、中寨，分别为"百鸟朝凤"和"驷马拖车"格局

叛，斩陈金刚之头献降，方耀因而被《清史稿》誉为"谋勇将军"，并被赐号"展勇巴图鲁"。1868年开始，他当了近十年的潮州总兵。他在任上"清乡办积案"，惩办匪徒三千余人，这就是对潮汕的安定起了很大作用的著名的"丁大人办清乡"。同时，他积极倡办书院，如著名的金山书院和蓬砂书院以及兴道书院就是他所倡建的，并在潮汕各地创建乡学数百所。此外，他还开设韩江书局刻印图书，治理韩江，广设善堂等。他对潮汕的贡献甚至连外国人都表示钦佩，当时汕头海关的外国人在报告中提到"没有一个人像方耀将军那样为汕头的繁荣做那么多的事"。当时的兵部尚书彭玉麟也对清廷说："粤有方耀，可高枕无忧也。"

从同治七年（1868）起，方耀花了二十年的时间，经过两代人的努力，在家乡建成了占地4万多平方米的德安里。德安里由互成犄角的老、中、新三寨组成，外有寨墙和护城河，开东西南北四门。老寨为"百鸟朝凤"，中、新寨为"驷马拖车"，里面设有楼阁、花园、包屋、庭院、书斋和厅房共773间，其面积比著名的曲阜孔府略小（孔府今剩4.5万多平方米），但房间则比孔府还多出200多间，是广东省乃至全国罕见的超大型的府第。

"肯"源自《书》经中的"肯堂肯构"，有继承家业之意

樟林古港和南盛里

在汕头开埠以前，澄海的樟林古港是显赫一时的粤东第一大港。20世纪初出版的英国世界地图赫然标有"樟林"的名字！还有资料称该港最旺时上缴赋税竟占当时广东省的六分之一。

不管这些资料是否可信，当时有"粤东通洋总汇"之称的樟林古港确是万商云集，热闹非凡。海内外进出粤东的货物在这里吞吐，来到这里准备登船前往东南亚的破产农民就数以百万计。当时港湾外停满了等待卸货和载客的红头船，港里栈房成列，熙熙攘攘，人声鼎沸，吆喝声、叫卖声、生离死别的哭声汇成一片；港口边上的妈祖庙则香烟缭绕，即将出海远行的，祈望亲人平安归来的，纷纷来这里烧香叩头，答谢神恩。而一年一度的"游火帝"更是"锣声鼓乐闹喧天"，成为樟林的民间狂欢节。

据清末流行于樟林的潮州歌册《游火帝歌》所言，因樟林的主要街道长发街笔直如一烟囱，对着尖尖的象鼻山，而风水书上

南盛里锡庆堂之屋顶鳞次栉比，形式多样，但基本上是木火相生格局

左图 南盛里"锡庆堂"木雕窗花

右图 澄海樟林新兴街是开展贸易的货栈街，由54间双层货栈组成

言，"尖而足阔"的山属火局，火局遇到烟囱，当然是"火煞迫近免疑猜"了，这种格局使樟林"正是年年遭火难，一年一次真惨凄"。乾隆年间，上任不久且精于地理的澄海知县杨天德到此巡视，一下轿就看出了这种风水格局，随即建议在街中市嘴建个火帝庙，以保合埠平安。庙成之后，火灾果然少了，樟林"自此埠中愈中兴"。为感谢杨天德的恩德，樟林人在杨天德死后，特意刻其禄位入祀，并于每年二月初一至十五游火帝时以"天德爷"牌位开道，遍游樟林的六社八街。

在樟林众多的宅第中，位于出海口冲积地上的南盛里最为著名，南盛里是由樟林籍新加坡富商蓝金生于1900年始用十七年的时间投资兴建的巨型建筑群落，占地近6万平方米，计有大小房屋70座共617间，它以"锡庆堂"大祠堂为主体，周围井然有序地分布着一座座"四点金"和"下山虎"，其中由八座"下山虎"相连组成了"八落巷"。

南盛里因四面环水状如布袋又名"布袋围"。在中国文化中，布袋和葫芦一样，以其"大肚能容"而被认为是藏风聚气的宝物，

潮汕老屐

每年二月游神时,前呼后拥、威风凛凛的神灵出游的热烈场面

民间有崇拜葫芦及"布袋和尚"的习俗。南盛里不但位于四面环水的"布袋"里,其主体建筑"锡庆堂"还被建成四面围合的"布袋围"形状。这里不但是一代富商巨贾的聚居地,还是当代散文大家秦牧的故里呢!

第三章 潮汕府第

有房屋70座共617间房的南盛里以前面的"锡庆堂"最为阔大豪华

南盛里"锡庆堂"祠堂前照壁嵌瓷，虽新也旧，虽旧也新

颇具气势的南盛里"锡庆堂"拜亭

南盛里的"八落巷",由八座并排相连的"下山虎"组成

淇园新乡

先圣孟子曾言:"天将降大任于斯人也,必先苦其心志,劳其筋骨,饿其体肤,空乏其身,行拂乱其所为。"这一带有普遍意义的规律性总结在很多潮籍名商巨贾身上都得到了充分的体现,他们往往就是从彻骨的贫寒和社会的最底层发奋起家的,小时候贫穷愈甚,心志愈加困苦,日后的补偿往往会愈大。清末民初在泰国和潮汕名震一时的"二哥丰"就是这样一个人物。

"二哥丰"又名郑智勇,1851年生于泰国,8岁时随父母返回家乡潮安县凤塘镇,因家乡实在太穷,其父又不得不重返泰国谋生,不久即死于泰国,他家陷入彻底的贫困。由于家中人丁单薄,常遭强房欺凌,母亲只能带着他一路讨饭流落到揭阳炮台改嫁,可他这个拖油瓶平日吃剩菜冷饭不说,挨打挨骂更是少不了

淇园新乡总共有288间供族人居住的房屋,图为以海筹公祠为中心的号称"三落六从厝"的东向大夫第俯视

潮汕老厝

这轻轻凿出的浅浮雕，足以留芳百代

的。不堪忍受的他终于在13岁时只身偷偷来到汕头，藏身于开往泰国的船来到举目无亲的曼谷，开始流落街头，后加入了洪门（对外称天地会）。

由于识大体，重义气，讲信用，勇敢机智，郑智勇24岁时就当上了洪门的老大。但是谦逊的他却虚出洪门大哥之位，只愿当"二哥丰"。当时，正逢泰国经济困难，"二哥丰"受泰皇委托开办了赌场，赚了一笔钱后，乘机将业务拓展到工商业，并在南洋、日本、香港等地区设立分支机构，成为泰国巨富。致富后，他热心公益，在泰国创办报德善堂和培英学校，在家乡修筑韩江堤围和马路，还向清政府捐助十余万银元用于赈灾，获光绪皇帝御赐"荣禄大夫"封号。他还捐出巨款支持辛亥革命，"智勇"就是孙中山先生1908年所赠之号，取"智者不惑，勇者不惧"之意。

自1916年起，他开始派五子郑法才回乡兴建淇园新乡。经过二十年的建设，至郑智勇1935年去世时，终于建成了占地100亩的"新乡"。新乡由三组既相连又各自独立的建筑群构成，向东的大夫第，约占整个建筑群的一半，中间是高大的海筹公祠，

淇园新乡荣禄第侧面。荣禄第为"驷马拖车"式建筑，其厝角头以"金水相生"为主

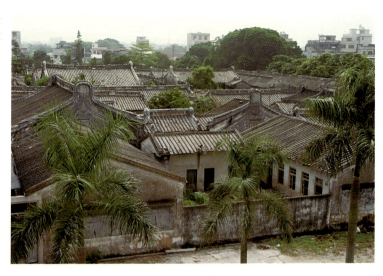

荣禄第祖堂上的"二哥丰"等人牌位和画像

淇园新乡荣禄第的水式山墙,波澜壮阔,仿佛郑智勇不平凡的人生历程

两侧各有二进的公厅和火巷从厝,周围多建带阁楼的"四点金"与"下山虎"。大夫第后面是"驷马拖车"式的荣禄第。最后是"智勇高等小学校",有运动场和教学、宿舍楼等。该校现已废弃,蔓草荒烟,一片凄凉。

在荣禄第北面,还有一栋双层的西式楼房,是"二哥丰"为自己准备的"行台",尽管他在84岁去世后灵柩运回家乡安厝之前从未回来过!

郑智勇从小就遭到强房的欺负,幼小的心灵留下了巨大的创伤,发迹之后,就发狠建了这个巨宅,并买了大量土地,声称只要谁愿意改姓成为他的族亲,称他为族叔,即可入住淇园新乡,每户分房两间,田三亩,娶亲者另发 100 银元,生男丁者再奖田一亩。于是投靠的人数以千计,以至潮汕流行一句歇后语:"二哥丰养子——钱做事"。经历了小时候的贫寒和孤苦之后,他终于得到了彻底的补偿。

"府第"的陶冶

从宋代到民国,经过千年岁月的洗刷,潮汕府第逐渐变得沧桑斑驳,虽然气魄和规模越来越大了,但基本格局依然是古代世家"府第式"民居的延续;这种以宗祠为中心的建筑体系如此稳定地留传下来,必然对潮人心态和民性的形成发生长久的影响,因为人在造房子的同时,房子也在塑造人!

相信接触过潮人者都有这样的感觉:潮人既保守又开放,既富于凝聚力又勇于向外开拓,既温文尔雅也灵活机巧,既爱面子又十分务实,既勤俭朴实而有时又十分奢侈等,这些文化的二重性往往使外地人百思不得其解。其实,按孟子"居移气,养移体"(《孟子·尽心上》)的说法,这种文化二重性的形成是和居宅有关的。

潮汕"府第式"民居的最大特点是以存放祖宗牌位的大宗祠为中心,附属建筑向这个中心凝聚,并按尊卑顺序围绕着它展开,形成一个既抱成一团又可向外辐射的建筑整体。子孙们按辈分大

宗祠是潮汕乡村的中心,图为澄海某乡在宗祠前举行祭祀活动的村民

融血缘宗亲和建筑布局于一体的"府第式"民居，造就和影响了潮人重宗族、重乡亲、重家庭的传统伦理观念，图为潮州先贤吴复古的子孙在祭祖

小井然有序地分住在相应的房子里，故潮人将兄弟直接称为"房头"，大儿子称"大房头"，二儿子称"二房头"，"房头"的大小关系到居宅的位置和大小。这样，就形成一张以宗祠为中心，以血族为纽带的宗族关系网，并在建筑布局中体现出来。

这种融血缘宗亲和建筑布局于一体的"府第式"民居，造就和影响了潮人重宗族、重乡亲、重家庭的传统伦理观念，以及富于凝聚力又勇于向外开拓的性格。他们在家乡时合族而居，离开家乡到一个新地方后，总是先想方设法通过血缘和地缘的关系找到同宗、同姓、同乡，然后抱成一团，组成各种各样的宗亲会、商会、联谊会等带有帮派性的组织，并以一两个德高望重的"长老"为中心，凝聚成一个个整体，然后以群体的力量向外开拓。特别是在国外和港澳，很多潮籍商业巨子便是借助家族和乡亲的力量取得成功的。

另外，潮人谦直、中和、稳重、诚信等儒家所推崇的高尚美德，也与"府第式"民居的中轴对称、排列整齐、形制端庄、质地浑厚的给人感觉相一致，而那气派和务实、朴实与奢侈等双重民性则与内外装饰的轻重有关。

路尽头的"石敢当"，有抵挡煞气的作用

位于潮安庵埠潮汕公路旁的大夫第,其矮小的石门传为"虱母仙"所建,该第现已被拆

第四章 围寨与土楼

同源异构的围寨和土楼

如果说,潮汕围寨多见于滨海的平原地带,土楼多分布在饶平和潮安山区,在半山地带则多是处于围寨和土楼之间的楼寨。围寨和楼寨一般为讲"河洛话"的潮人所拥有,土楼则是潮人和客家人各占一半。

围寨、土楼和楼寨形态虽不同,但它们之间是一种同源异构的关系,有着相同和相似的文化背景:都是源于中原古代的"坞

对称、整齐、环抱围合,这是土楼和围寨相同的地方。图为潮州饶平县某村土楼内景

第四章　围寨与土楼

饶平山区有六百多座土楼，构成了潮汕山区动人的建筑乐章

状如蘑菇，又似飞碟降落大地的潮州饶平某圆楼

壁"，到粤东后为适应不同地理环境而做出的不同的选择。

我们先来看潮汕人和客家人的关系。

潮汕人和客家人都声称他们是汉末魏晋大乱时迁出中原的，潮汕人多沿海岸线迁徙，到达粤东时间较早，占据了沿海的平原地带；客家人多走陆路，在江淮江西滞留了较长时间，明以后才大规模迁入粤东，当时沿海平原已住满了"河佬"，故不得不聚居在丘陵地带。虽然他们的源头接近，但迁徙路线不同，经过一千多年的变异，遂形成潮汕文化与客家文化的差异。这就如长江、黄河，虽同发源于青藏高原，但由于流域不同，遂有长江文化和黄河文化的不同。

179

位于潮州半山地带的圆形楼寨长远楼,是介于土楼和围寨之间的"楼寨"

这些中原士族的后代到达粤东后,因生活动荡不定,心灵深处的"恐惧"意识被重新唤起,自然会沿用祖先的方法,挖壕沟,筑寨墙,设望楼,贮武器,拥私兵,重新使用祖先建造"坞壁"的方式,在平原建起了有围墙的"围寨",在山区建起"土楼",在半山则建起以最外圈包屋为寨墙的"楼寨"以自卫。

为什么不同的地带会出现这些同源异构的建筑呢?这是由环境和材料决定的。因滨海的地势辽阔平坦,可以建造规模巨大的围寨,而山区多起伏,平坦地面少,只能向空中发展而建

围寨、楼寨、土楼的演变关系。可以看出随着从沿海到山区平地的减少,建筑物的高度在增高

饒平圓寨內景一角

潮汕老厝

澄海盛安楼正门。盛安楼是潮汕平原难得一见的圆楼

造面积较小、层数较多的土楼。就占地面积而言，土楼是无法跟围寨相比的，如世界上最大的八角土楼——饶平三饶的道韵楼占地面积1.5万平方米，只是1.5平方公里的潮州龙湖寨的百分之一。故平原围寨往往以面积取胜，而山区土楼则以高度取胜。

土楼常被冠以"客家土楼"之名，久而久之似乎成了客家人的专利。但实际上据统计，广东、福建"河佬"所拥有的土楼数量较客家人为多，在饶平县六百多座土楼中，潮汕人和客家人大约各占一半，在福建诏安、平和二县，更有半数土楼出自饶平工匠之手的说法。（参见张新民《守望潮汕》）

可见，"围寨"和"土楼"分别是适应平原和山区不同环境的最佳选择，二者是一种同源异构的关系，本身并无"潮""客"之分。在山区的潮人，一般会采取"土楼"的居住模式；而在地势较为平坦如兴梅地区的客家人，则有类似潮汕围寨和府第的"围龙屋"和"五凤楼"等出现。把"土楼"一概说成客家的专利并不恰当。

坞壁式的圆楼——澄海盛安楼——全景

象埔寨

始建于宋代的潮州古巷象埔寨是一个边长近 160 米（总面积 2.5 万平方米），有六七米高的寨墙围护的方形寨。石拱结构的寨门位于寨前正中，上有"壬戌之秋"和"颍川郡立"的字样。全寨中轴对称规整方正，建于宋代的陈氏大宗祠就位于中轴线的末端，它两边有小宗祠护卫。寨内分三街六巷，有如古长安城的里坊一样，秩序井然地排列着 72 座府第。

这些府第号称座座格局不同，但万变不离其宗，均是由"四点金"衍变而来的合院。每座府第各有井一口，加上公用的四口，全寨共 76 口井。

这个巨大的方形寨是现存潮汕方寨的始祖，其方正的外形、高高的寨墙、整齐的府第，使这些方寨如一个缩小了的古城。建于清代的潮阳东里寨和揭西大溪李新寨，也和象埔寨有类似的布局，在近千年的历史进程中，这种形制被稳定地沿袭下来。

象埔寨陈氏大宗祠前面正对中间直巷的留芳亭

登高、俯视，仅见象埔寨一隅。新修的建筑是几年前重修的陈氏大宗祠，始建于宋代

寨内以三街六巷分隔，仿若一小城

第四章　围寨与土楼

揭西大溪李新寨外围围屋。该寨始建于清代，是可媲美象埔寨的保存完好的巨寨

揭西大溪李新寨正门，极为厚实稳重，寨中祖祠正对寨门，中间以照壁隔开

象埔寨分三街六巷，分布着七十二座府第，图为象埔寨里的人家

潮安的另一古寨扬美寨一角，该寨目前居民甚少，已基本荒废

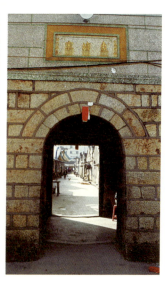

左上　象埔寨水井

左下　象埔寨正门刻字

右图　象埔寨正门

程洋冈和临江寨

位于澄海城东北十五里处,向有"粤东襟喉、潮州门户"之称的程洋冈,又名"大娘巾",是唐宋海上丝绸之路的重要口岸凤岭古港的所在地,以人文蔚盛、名医荟萃著称,其中尤以传承了五百余年的"程洋冈卫生馆蔡氏祖传妇科"最具代表性。

蔡氏族谱云:"明弘治年间,蔡敏斋素精岐黄,为士林所重。"其子蔡九敏幼承庭训,继承医业。相传蔡九敏曾经放走被擒的海盗,多年后海盗前来报恩,赠送大量金银财宝和古玩珍籍。蔡九敏推辞不过,只得留下一箱医籍珍本。此后,蔡九敏与其子蔡俊心经多年研读,编成歌诀,且结合自己的行医经验精制出了疗效显著的妇科良药,故其族谱云:"蔡俊心得授医籍珍本,于康熙年间创设程洋冈卫生馆,并将其编成医论歌诀,编撰《妇科杂症》十二卷,集为家藏,传授后世。"从而成就了享誉海内外的"程洋冈卫生馆蔡氏祖传妇科"。

程洋冈原名大梁冈,原意指韩江出海口冲积形成的一条如梁高岗,在凤岭及鸡翁山之间形成龙脉,图中的民居厝屋就围绕这条龙脉展开,颇为壮观(凌学敏摄)

程洋冈始建于元初、重建于明末的蔡氏大宗祠。此为正在重修时的情形

程洋冈蔡氏为宋端明殿学士蔡襄的六世孙、潮州知州蔡规甫之后。其祭祀先祖的蔡氏大宗祠始建于元代，经明代重建以后，基本保留原来的形制与古韵，直到近年重修之后，才焕然一新。

此为近年重修前的蔡氏大宗祠后厅梁架上的雕饰

程洋冈明代的丹砂古寺是典型的三教合一庙宇，图为蔡仰颜书的横匾

除蔡氏大宗祠外，程洋冈还有建于明代的丹砂古寺，这可是典型的儒道释三教合一的古寺；还有建于明代万历年间的晏侯庙，以及大量的府第和书斋。目前，有保存完好的祠堂20座、府第33座、书斋31座。如"中宪第"为清末著名实业家薛同泰所建，薛同泰与丁日昌有八拜之交，后丁日昌为他在朝中谋得"中宪大夫"之封赠，遂建此第。第中设花园书斋，上建二层重檐的八角楼，书斋背靠鸡公山（鸡公山山巅巨石缝中长有一形似金鸡独立的大榕树，俗称鸡公树，是古代返乡潮人认家的标志之一），故书斋名"金鸡吉"。民国年间，避难来潮的蔡元培曾应薛

程洋冈的仪轩祖祠

被榕树根包抱的程洋冈仙巷巷门,正对巷门,是一抵煞的土地庙

同泰之邀在此住过一段时间,并为该第题了"明德惟馨"牌匾。该第后来卖给了蔡家,现门匾上的"中宪第"三字为主人蔡士烈(1893—1983,曾任新加坡华侨民德中学校长、汕头市岭东新医学专修院教务主任、隆都联合诊所所长。晚年被聘为广东省文史

修复后的程洋冈蔡氏岳祖(加合)祠,也是始建于宋元时期的古祠

左图 潮汕崇文重教的传统,在以重视文化著称的澄海表现得淋漓尽致,图为澄海程洋冈的蔡氏杏园书屋

右图 "中宪第"为清末实业家薛同泰所建,蔡元培曾避难于此,现"中宪第"三字为广东省文史馆馆员蔡士烈所书

馆馆员,悬壶之余,精擅书画)手书,著名书画家蔡仰颜就出生于该第。

据《澄海拾史》统计,程洋冈直接以斋、轩、庐、园、圃、小筑、别墅、山房、陋室、书屋为名的书斋庭园竟占住宅总数的百分之四十以上,平均不到百人就有书斋一座!其中以蔡氏杏园书屋最著,该书屋设于住宅一角,幽深僻静,清代宰相刘墉为之题写的"题襟馆"匾额仍保存完好。此外,知名的书斋还有梅园、松园、柏庐以及著名书法家许乃秋的乃秋小庐等,这些书斋凸显出程洋冈深厚的文化底蕴。

在程洋冈山脚,还有抗元英雄陈吊王屯兵的临江古寨。陈吊王名陈遂,福建漳州人,南宋咸淳八年(1272)聚众起义,转战于闽粤赣三省边界,当年义军有58寨,临江寨即其一。临江寨依山而建,东寨门由两根硕大的直立石柱支撑,上横一巨大一纤细的两块弧形石条,在寨墙和古榕虬根的绕抱簇拥下,凝重浑厚、古朴沧桑,极具宋元古韵。

潮汕老厝

古榕倚抱的临江寨门,古朴沧桑,极具宋元古韵

程洋冈某宅照壁,照壁前亭亭玉立的清荷,象征着主人不俗的人生境界

鸳鸯寨

潮汕历史上虽然没有充当过赤地千里的大战场,但各个朝代的交替、贵胄的南奔、复国的希望和追兵的围剿常在这里展开最后的厮杀,这大动乱年代往往就是潮汕到处兴建围寨的契机。民国《潮州志·兵防志》所言:"古时大乱,乡无不寨。……若晚明岭东一隅,锋镝相寻,忠义之士,痛异族侵夏,起兵勤王,避难者从而依之;枭雄之徒则以为窝,屯所乡寨之盛,盖莫止于此矣。"据民国《广东通志稿》的《岭东山寨记》统计,当时潮汕一带就有围寨269个,仅揭阳一县就有98个之多,可谓"乡无不寨"。

顺治二年(1645),由揭阳霖田都石坑村武生刘公显带领的依附南明小朝廷,后又联合郑成功抗清的"九军",以郑厝、许厝和洪厝三寨联合组成的鸳鸯寨为据点起兵,到处劫掠,当时的揭阳知县吴煌甲命潮汕各地建寨自卫。次年,南明隆武帝诏封刘公显为左军都督,授镇国将军,赐其在家乡建三面环水、占地3300平方米的将军府。该府外有厚过半米的寨墙,上设更楼、角楼并

被清军焚毁的镇国将军府,只剩下断墙残垣。尽管该府有厚过半米的寨墙,最后还是在清军的围困下覆灭

潮汕老厝

鸳鸯寨残垣,有被火烧过的痕迹

在四周设门,内分东西两条直巷和南北五条横巷,还有库房、粮廒、马厩、水井等一应俱全。顺治八年(1651),清兵数万人围困鸳鸯寨三月,寨中食尽乞降,降后全部被杀,镇国将军府和鸳鸯寨悉被焚毁,今仅存被烧焦的断墙残垣,在山野的寒风中瑟缩。

夕阳下的老屋,凝重而古朴,那种历尽沧桑的美感,令人心动

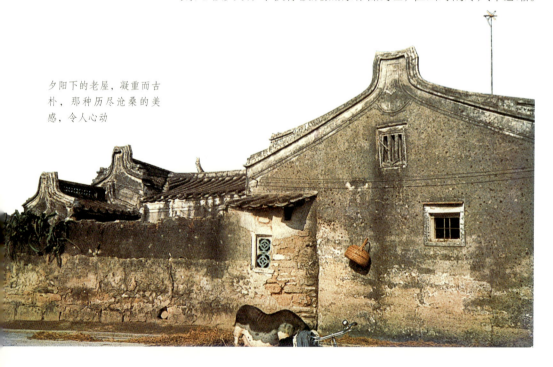

鸥汀寨

在建寨热潮中，先后出现了黄冈的黄海如、南洋的许龙、海山的朱尧、澄海的杨广和达濠的张礼五个被称为"潮州五虎"的最具实力的寨主。1649年郑成功入潮强取粮饷，先破了南洋寨和达濠寨，其余"三虎"望风而降。郑成功后又联合刘公显的"九军"掠寨无数，寨破人亡的有南山寨、白灰寨、和平寨、溪头寨、鸥汀寨等，其中鸥汀寨最为惨烈。

鸥汀寨之得名，缘于地处韩江出海口，三面临海，常有海鸥停歇栖息，是海盗犯揭阳、潮州的必经之地。明代万历年间，为防倭寇，建成外有溪池水田环绕的绵延七八里的长条状巨寨，因寨墙坚固、易守难攻而被誉为"海国干城"。

清代初年，天下大乱，附近四乡六里的百姓，甚至潮州和揭阳的亲戚朋友，纷纷前来避难，鸥汀寨实际上成了一个难民营。

郑成功攻破鸥汀寨
（林凯龙绘）

"古时大乱，乡无不寨"，这留有枪眼的更楼与墙头，是动乱时代的印记

鸥汀寨破，郑军"将城中大小尽屠之"，后人建腾辉塔纪念亡者

寨主陈铁虎，字君谔，澄海县秀才，生性豪爽，有才干，善于用兵。当时，鸥汀寨有船百余艘，壮士数千，异常强悍，常出没于烟涛之间，袭扰劫掠到揭阳（揭阳素称米县）索取粮饷的郑成功船队，严重干扰了国姓兵（郑成功曾被赐国姓）的活动，郑成功恨之入骨。

顺治十年（1653），不堪其扰的郑成功决定攻寨。他亲临指挥，但强攻六日不下，自己还被击中脚趾而退兵，陈铁虎紧随其后在海上伏击，使国姓兵大败而归。郑成功为此恨得咬牙切齿，立誓道："自今日起，有国姓，无鸥汀；有鸥汀，无国姓。"

数年之后，郑成功得知陈铁虎已去世，认为时机已到，派大将甘辉率铁人军攻寨，开始并不顺利，后得寨中内奸献策：蜿蜒七八里的鸥汀是个蛇寨，打蛇须打七寸，应先全力攻中门，使首尾不能相救。甘辉依计而行，在寨中内奸策应下，于顺治十四年（1657）十一月二十三日晚攻入寨内。当晚正好是鸥汀传统游神赛会，郑军见人便杀，"将城中大小尽屠之"！包括那些来看热闹的邻近百姓。几天后，得知鸥汀被屠的外地亲友前往收尸，被一支经过的郑军发现，也被斩尽杀绝！一直等到了第二年，才有

鸥汀目前隶属于汕头市龙湖区,是个杂姓的现代城镇,图为残存的寨墙和饱经风霜的老农

僧众敢往收尸,当时共收得暴骸计六万有奇,火化后仅骨灰就有三百余石,掩埋于寨北,立碑曰"同归",后又建腾辉塔纪念(见《潮州府志》和《龙湖文史》第一辑)。

"有国姓,无鸥汀",鸥汀人至今仍不准郑姓人入寨居住,连卢姓也不例外,因为那位带领郑军破寨的内奸姓卢!

潮汕老厝

龙湖寨古老的水井

龙湖寨

与鸥汀寨同时的另一巨寨龙湖寨就幸运多了。龙湖寨位于潮州至海滨的古道上,古称北负郡城,东枕韩江,西接原野,因四周有池塘江湖环绕而称"龙湖"。

据寨前《塘湖刘公御倭保障碑记》所载,明末嘉靖三十七年(1558),倭寇犯潮,恣行劫掠,致使沿海民众,人心惶惶。此时,正好"致仕"回乡的士大夫刘见湖目睹此事,遂带领民众"建堡立甲,置栅设堠",筑起了龙湖寨以自保。并"鼓以义勇,申严约束,相率捍御,民赖以宁"。当时邻近市镇咸遭倭寇荼毒,龙湖寨却完好如初,邻近村落民众纷纷迁来龙湖就籍避难,以至于该寨发展成五十余姓聚居、面积达1.5平方公里、拥有"三街六巷"的巨寨,俨然一座小城,故龙湖寨又有小府城之称。

据说龙湖寨是按照九宫八卦格局来修建的,寨中央透迤数里的直街由于形似"龙脊"而被铺上花岗石,以象征龙身上的鳞片。寨中设南北二门,北门有"龙气逶迤紫薇入首;湖光环绕太乙通

龙湖寨俯视,极目远眺,几不见其边际

龙湖寨北门

龙湖古寨鸟瞰图（丁烁摄）

潮汕传统脸盆架

流"对联，寨中数以百计的建于宋至明清的宗祠、府第、书斋和宫庙，在街巷左右一字排开，有的府第庭院达八进、十进之深，其中包括北宋探花姚宏中，明朝布政使刘子兴、御史夏懋学、诗人黄衍启等一大批名人的府第，以及潮汕唯一文状元林大钦的出生地，以恶作剧"瞎胡来"著称的穷秀才夏雨来（与普通话"瞎胡来"谐音）的故居等。

龙湖寨历史上以重文崇教著称，全寨书斋数量不少于30处。著名的有黄姓的"江夏家塾"和"读我书屋"，以及"梨花吟馆""抱经舍""雨花精庐""怡香书室""卯桥诗庄"等，它们或为宗族所设，或为私塾，均配有雅致的门联，如"读我书屋"有联："读史方知司马笔；我诗不让杜陵篇。""卯桥诗庄"有岁进士（即岁贡生）许促仙联曰："读书常至卯；溪涨欲平桥"等。甚至还有为女子设的私塾，明崇祯年间，龙湖寨"家资丰盈甲于潮州"的员外郎黄作雨，不仅在自家院落设立书楼，供男童读书，还于中平巷头设立了女书斋，供族内小姐们就读。

龙湖寨的街道以石铺成，象征龙身上的鳞片，以副"龙湖"之实

第四章 围寨与土楼

龙湖寨北门，有一座祭先生王侗初的祠堂。明万历年间，王侗初和一谢姓弟子自福建到此开馆授徒。二人将精力全用于教学上，以致没有子女传后，他们死后，学生们"哀其无后，而设专祠以祀"。此事后来为乾隆年间潮州知府周硕勋知道，周特为该祠撰《王生祠记》，对这种尊师重教之风大加赞赏。而龙湖寨也人才辈出，据不完全统计，龙湖寨历史上曾走出53位进士和举人。

龙湖寨历史上以重文崇教著称，图为龙湖书院

龙湖寨悠深的巷道

龙湖寨街道两边有众多府第民居

永宁寨

位于澄海隆都前美村的永宁寨是一座四周有沟渠池塘护卫、明堂开阔、众水汇聚的占地超过1万平方米的长方形巨寨。该寨为创乡始祖陈家衮十二世孙、曾任清内阁中书的陈廷光于雍正十年（1732）所建，和毗邻的"陈慈黉故居"一样，是陈家衮派下子孙鼎盛的历史见证。

永宁寨建在四面有山高起、中心低陷的俗称"鼎脐"（潮人称铁锅为"鼎"，其中心凹陷处称"鼎脐"）的低洼地上，过去常"做大水"（发水患）。然而，"水"又是财！村中"三年不做水，猪母能戴金耳环"的俗语，就反映出村民对"水"的另一心理。因此，如何利用鼎脐的低洼位置使众水归堂，食正财运，而洪涝时又能有效抵御洪水，是对建寨者的一大挑战。

为解决这一问题，陈廷光特地请来了国师郭禹藩进行设计。首先在"理水"方面，是把护寨河和寨池挖深挖大，用挖出来的泥土垫高寨基，然后在水口两端设置可通舟楫的水闸控制水位，

永宁寨前低后高的阳埕和后面平排的公厅，正中是以"三壁连"为主体的建筑

并将寨墙加高加厚,特大洪涝时关闭寨门,利用护寨河提供补给。其次,是用三合土夯筑坚固的厚达 80 厘米的寨墙,再环倚寨墙建互相交联的双层楼阁,屋面上设逃生的通道,还挖了一口永不干枯、井中有井的八卦形木壁古井……这些特殊的设计,让永宁寨成为一个永绝水患、永享康宁的"水国干城"。

在风水上,永宁寨一反潮汕老厝背山面水、坐北朝南的传统,而是坐西南朝向东北莲花山,前寨墙的高度也被有意放低至仅有其余三面 8 米高寨墙的一半,以让主座"中翰第"能通过低矮的前寨墙吸纳正前方莲花峰的吉气!当天高气爽,从"中翰第"正门外望,含苞待放的莲花峰佳气葱茏,倒影浸在澄清的寨池之中,娟然如拭,"寨池澄清"是村中八景之一。

巨寨正中是一座俗称"三壁连"的建筑,中座祖堂"中翰第"大门两侧挂着一对"重宴鹿鸣"大灯笼,这是为了纪念陈廷光中举后满一甲子,经奏准为新科举人所设之鹿鸣宴,以庆其中

永宁寨寨门,浑朴厚重,固若金汤!

永宁寨高大的后寨墙

永宁寨正面一瞥

永宁寨旁边建筑文园庭院一角,这是文人抒怀寄意的地方,故花木茂盛,景极清幽

举而高寿,故谓之重宴鹿鸣。正厅的松茂堂是村民祭祖敬神的地方,也是全寨的中心,寨里所有201间厅房形成九条纵横交错的巷道围着这个中心展开,形成前低后高、龙虎护卫的风水佳局。

"三壁连"前阔敞明亮的阳埕,被分成三层,逐级降低,据说是为了在阳埕看戏时男女分开、互不干扰,但也可从风水学"阶梯水"的角度来解释。也许,正是众多复杂的风水设计,使陈氏家族的后代在清末民初一度富可敌国!

永宁寨旁边建筑文园二楼外望,可见屋顶上有用红色清水砖砌成的逃生步道

永宁寨角楼

第四章 围寨与土楼

永宁寨西门外望

东里寨

位于潮阳沙陇镇东仙村的东里寨也是一个典型的潮汕方寨。它那对称、方正、威严的寨形，寨内排列整齐、鳞次栉比的"府第式"民居，显示出非凡的气势。

东里寨建于乾隆二十八年（1763），为当年航海巨商郑毓宗所建，是一座占地1万余平方米的正方形巨寨，寨四周各有长近113米、厚0.7米的寨墙，四角建有更楼，共开北、东、西三门。寨里面以三街六巷的"皇宫起"形式，整齐分布着以家庙为中心的22座"四点金"，计有房466间。另外，在寨的四周还有36套二房一厅的护寨厝。

郑毓宗建寨时聘请的地师是江西的吴和明，吴和明认为此地是虎地，不但要将寨建成方正的虎形，在寨墙两旁建四个码头连接护寨河以象征虎之四爪，还要在前门左右挖二圆窗象征虎眼，甚至还有象征虎珠的圆石。据说东里寨建成之后，对面乡落每天

东里寨正面俯视（沙陇镇东仙村委会提供）

不明不白死一个壮丁,说是喂了这只老虎,于是赶紧把象征虎眼的圆窗塞掉,故今日只能在寨前门左右见两个圆窗的痕迹,寨前也没人敢建屋居住,至今一马平川,与寨后屋舍俨然形成对比。

20世纪80年代,祖籍东里的泰国侨领郑午楼博士,思乡心切,想在正面拍张全景照,但找不到制高点,最后只得花一万多块钱在寨前搭起一高台,请专业摄影师拍了一张俯视的全景照,拍后再把高台拆掉。这张全景照为仅存的一张。

地师吴和明认为,依江河来龙去脉,巨寨要坐东南向西北,坐空朝满面向峡山的祥符塔才能得山川之灵气;而"虎地"以祥符塔为文笔能出文武双全的人。这样,寨内最为高大的"七壁连"家庙,与寨门、祥符塔成一直线,美丽的塔影因风水的需要被"借"进寨门,文笔被请进庙里,故"东里远眺"是沙陇的一景。

清代末年,潮汕有"日出钱坑寨,日落东里郑"的说法,指的是钱坑寨和东里寨的民性强悍,威势如日中天,敢于对抗官府,连被清廷赐予"展勇巴图鲁"的潮州总兵方耀也奈何不得,这可视为东里寨"虎威"对族人的影响。另如已故的东里乡亲,泰国中华总商会永远名誉主席、京华银行董事长郑午楼博士,不但在商业上有巨大的成就,而且热爱中国文化,擅长书法且精通中文、英文、泰文,晚年还在泰国创办以弘扬中华文化为旨、拥有万

揭阳龙尾和白塔,有不少前低后高的梯形寨

潮汕老厝

东里寨大宗祠梁架，为五彩装金，"红楹绿桷"的装饰形式

东里寨中巷道纵横，一座座独立的"四点金"通过巷道连接，一个个火式墙头屋角，如勾戟利剑

余亩地产和数亿泰铢基金的华侨崇圣大学，是东南亚著名的"儒商"。这又是东里人商文并重、文武兼善的见证。

除上述围寨外，潮汕还有一种防御性极强、外围封闭如仓库的方形寨，因其格局似繁体的"圖"字，故称图库寨（也写成"涂库寨"）。如位于揭阳仙桥永东乡的涂库村，就是一个规模较大的图库寨，主体建筑是建于清雍正年间、占地2000多平方米的大宗祠——古溪祠堂，该祠堂为三进，中轴线上有三厅相亘，前中厅进深三间，宽五间，后厅进深五间，宽三间，供着数以百千计的祖宗牌位。潮阳峡山镇桃溪乡涂库寨则为两层，四角有角楼，对外不开窗，但里面巷道相通，洞门相连，有如地道。

此外，潮汕的老寨还有椭圆形寨（如潮州铁铺的尚书寨）、梯形寨（在揭阳靠山的龙尾和白塔的众多古寨中，可见这种前低后高的梯形寨）、月眉寨、六角形寨、散形寨和连体寨等，这些形形色色、变化无穷的古寨构成了潮汕平原独特的寨文化。

东里寨大宗祠大门

寨门

三饶道韵楼

潮州的饶平山区拥有六百多座土楼,其中以道韵楼名声最著。

位于饶平县三饶镇南联村的道韵楼建于明万历十五年(1587),内切圆直径101.2米,周长328米,总面积1.5万平方米,是目前为止中国发现的最大的八角形土楼。

道韵楼的八角造型是仿八卦形状而建的,楼里每一卦长39米,有楼9进,八卦共72间,卦与卦间用巷道隔开。每一楼间模仿三爻而设计成三进,一二进为平房,第三进连接外墙为三层半楼房,楼高11.5米,底层墙厚1.6米,由黄土夯筑而成,墙基垫两层青砖,固榫用竹钉,虽历经多次大地震而完好如初。楼中两户合用一水井,还特意在中间阳埕空地上左右挖两眼公用水井,以象征太极两仪阴阳鱼之鱼眼。还仿照诸葛八卦阵生门入、休门出的原理,在大门一侧另开一休门以出寨。

据说建楼的黄氏先祖原来打算将道韵楼建为圆楼,但屡建屡倒,不得不择地另建,后有高人言此地乃"蟹地",须建八卦

道韵楼俯视,可见楼中村民正在祖堂前空地上祭祖

道韵楼正门

道韵楼楼间仿三爻而设计成三进，一二进为平房，第三进连接外墙为三层半楼房

楼才能稳住，黄氏先祖于是倒转回来，依八卦之形才顺利建成，故该楼原名"倒稳"，后因潮语"倒稳"与"道韵"音近而改为今名，并请饶平黄氏宗亲、明礼部尚书黄锦题额。

为了提振文风，道韵楼特坐南朝北朝向北面的笔架山，而令人称奇的是楼中八卦的每卦各出过一个举人，全楼刚好有八人中过举！而与全楼共享数条楼梯的客家土楼不同，潮人居住的道韵楼却为一户一梯的多进形式，显示出潮人对私密性和独立性的重视。

在潮汕山区数百座土楼中，比较有名者如饶平县上饶镇马坑的镇福楼。该楼建于永乐十年（1412），东西长 90 米，南北长 98 米，是目前广东最大的椭圆形土楼，它高三层，有 60 余间，围墙厚达 3 米多。其他如建于明万历年间的饶平县饶洋镇赤棠村新彩楼，是楼高 14 米的四层土楼，也是潮汕最高的圆土楼。

在潮汕半山地带，则有不少处于土楼与围寨之间的"楼寨"。如建于清嘉庆年间的潮州铁铺八角楼寨，外形为不等边八角形，中间是一座两进的公厅，住房围绕寨一周共 27 间，每间分三进，堪称一个小型道韵楼。此外，还有官塘象山乡的长远楼和仪凤楼、磷溪区的保定楼等，这些大大小小的楼寨构成了潮汕半山区地带动人的建筑乐章。

道韵楼仿诸葛亮八卦阵生门入、休门出的原理开二门，这是从生门进入楼内的村民

潮汕老厝

道韵楼内一角

道韵楼每一卦,历史上均出过一个举人。图为道韵楼里人家

饶平道韵楼两边的圆井,象征太极图中的"阴阳眼"

潮汕老厝

潮州饶平县山区有六百多座土楼，图为上饶镇三座相邻的圆土楼

位于潮安县凤凰镇的另一圆土楼缵美楼远眺

缵美楼为群山所环抱，图为缵美楼内景

上饶镇马坑的镇福楼,是潮汕最大的椭圆形土楼

建于永乐十年(1412)的镇福楼,高三层,有60余间,围墙厚达3米多,现为广东省文物保护单位

第四章 围寨与土楼

围寨的寨门

第五章　宗教建筑

巍峨典重的儒家建筑

自汉代董仲舒提出"罢黜百家,独尊儒术"以来,儒家思想逐渐成为中国传统社会的主流意识,成为实际上的国家宗教。与之相关的建筑如文庙、学宫、书院、先贤祠等,在崇文重教的潮汕均有不少遗存,它们或以规模巨大、历史悠久,或以巍峨典重、含蓄温蕴著称。如揭阳市的揭阳学宫,其规模不但为华南诸学宫之冠,而且是全国县级学宫中最大的;潮州市的韩文公祠,是全国最早也最著名的纪念唐代大儒韩愈的祠宇;与之同时诞

在崇文重教的潮汕与儒家相关的建筑均有不少遗存,图为著名的宗山书院坊,为明代大儒王阳明弟子、先贤薛侃所建

广东第一所书院——韩山书院——幽静的千年庭院

生的韩山书院,也是广东省第一所书院呢!今天,在韩山书院原址上设立的韩山师范学院,正在延续韩山书院的香火,潮汕"大学"的历史,也许能由此而溯千年!

揭阳学宫

位于揭阳市榕城区韩祠路口的揭阳学宫,是一座初创于宋绍兴十年(1140)的县级学宫,在清光绪二年(1876)经过最后一次改建之后,终于形成面积超过2万平方米,三路五进,中路为祀孔子之"庙",东西二路为习儒之"学"的庙学一体的巨大建筑群落!

揭阳学宫采取中轴对称、环抱围合的格局与高台基殿堂式结构,由照壁、棂星门、泮池、大成门、大成殿、崇圣祠连成的中轴线,左右配以由玉振门、金声门、名宦祠、乡贤祠、东西庑、

揭阳学宫不但为华南诸学宫之冠,而且是全国县级学宫中最大的

东西斋连成的中路,与由忠孝祠、明伦堂、教谕署、文昌祠、文昌阁、享祠等组成的东西二路,构成一个起承转合、前后呼应、气势非凡的空间,营造出一种巍峨典重而又整饬严谨的儒家文化气氛,让拜谒者顿生敬畏。

作为向孔子行礼习仪和施行教化的典范,庙学建筑须以曲阜孔庙为范本而不能随意改变,但揭阳学宫为了在建筑中体现出个性和地方特色,还是在装饰上下了些功夫,其做法是:在面向孔庙的"鲤跃禹门"照壁上,采用潮汕常见的嵌瓷与灰塑

从揭阳学宫中轴的大成门远望大成殿,有种庄严肃穆、巍峨典重的感觉

左图 大成殿内金碧辉煌的神龛与孔圣人塑像

右图 石质金柱上盘绕着玲珑剔透的木雕巨龙

结合的形式；大成殿内金碧辉煌的神龛，以及四根石质金柱上盘绕的四条巨龙，也用玲珑剔透的潮汕木雕。此外，学宫内外通透的围廊，广式陶塑与潮式灰塑相结合的屋脊装饰，生动起翘的翼角，向上冲出的宏伟华丽的木火式墙头等，都是揭阳学宫的地方特色。

揭阳学宫大门前华丽的龙跳天门巨型浮雕照壁，采用嵌瓷和灰塑相结合的形式，是本地民间工艺影响官式建筑的实例

韩文公祠

潮汕地区有不少祭祀先贤名宦的祠宇,其中以位于潮州韩江东岸笔架山——韩山——主峰下的潮州韩文公祠历史最为悠久也最具代表性。

始建于北宋咸平二年(999)的韩文公祠是纪念"文起八代之衰,道济天下之溺"的唐代大儒韩愈的。《永乐大典》卷五三四三引《三阳志》言:"州之有祠堂,自昌黎韩公始也。公刺潮凡八月,就有袁州之除,德泽在人,久而不磨,于是邦人祠之。"

韩愈于819年因谏迎佛骨被贬为潮州刺史。在路上,年已51岁的韩愈以为到潮州这个"涨海连天,毒雾瘴氛,日夕发作"的地方,肯定"死亡无日"。但到潮后,儒家积极的人生观又让他很快投入到建功立业的行动中去:驱鳄鱼、会大颠,祭湖神,释奴隶,起用本地文人赵德建立了州学,教诲士民,传播正统的儒家文化,最后终于"泽遗滨海"而"赢得江山都姓韩"了。

对韩公"独信之深,思之至,焄蒿凄怆,若或见之"的潮人,

位于潮州韩江东岸笔架山——韩山——主峰下的潮州韩文公祠,是一高低错落、整齐有序的建筑群落

其事公也,"饮食必祭,水旱疾疫,凡有求必祷焉"。而因为庙在刺史公堂之后,民以出入为艰,元祐五年(1090),朝散郎王涤来潮当知州,遂迁庙于州城之南七里,并请苏轼撰了《潮州韩文公庙碑》,对韩愈的道德、文章和政绩做了高度赞颂。苏轼此文,感情澎湃,气势磅礴,被誉为"千古奇观"(见黄震《三苏文范》引)。

到南宋淳熙十六年(1189),知州丁允元再迁韩祠于韩江对面的笔架山上。同年,又续建了连接州城和笔架山之间的广济桥中的西桥——"丁公桥"。传说当年韩公常登笔架山游览,但深感过江之苦,便请他的侄孙——八仙之一韩湘子和广济和尚一起造桥,故广济桥又称湘子桥。韩公手植的橡木,到宋代已形如华盖,皮如鱼鳞,遮蔽屋檐。春夏之交,橡木花开,红白相间,甚是美丽,潮人"以花之繁稀卜科名盛衰"(宋礼部尚书王大宝《韩木赞》),称橡木为韩木,笔架山为韩山。

笔架山是潮州城的文峰,广济桥仿佛就是一支搁在笔架山上的如椽巨笔,于是,偌大的潮州城就成了摆在韩文公面前的一张

韩文公祠叠进的庭院,有一种肃穆幽深的气氛,令"学者仰之如泰山北斗"

韩文公祠是纪念"文起八代之衰,道济天下之溺"的唐代大儒韩愈的

韩愈于819年因谏迎佛骨被贬为潮州刺史的路上（林凯龙绘）

韩愈起用本地文人赵德建了州学，图为韩愈访赵德（林凯龙绘）

韩公当年手植的橡木，被称为韩木。潮人"以花之繁稀卜科名盛衰"，据说极灵验。图为春天开满花之韩木，预示着潮汕该年的科考也将喜结硕果

巨大的九宫格纸库，长流不息的韩江就如濡笔的墨水或洗笔的清水，让端坐于祠内的韩文公有一个游目骋怀、自由挥洒的空间；而紧靠笔架山主峰的韩文公祠，在左象山、右狮山的环峙拱卫之下，通过利用高耸的山峰、陡峭的台阶、叠进的庭院、院落与亭廊的呼应与空间转换，融合广式潮式的建筑风格，营造出一种含蓄温蕴、肃穆幽深而又和谐宁静的韵味，使"学者仰之如泰山北斗"。

从韩文公祠透过韩木远望潮州城和广济桥

连接州城和笔架山之间的广济桥，是世界上第一座启闭式桥梁，远看有如一支搁在笔架山上的如椽巨笔

以殿堂为中心的佛教建筑

潮汕大地，寺庙林立，名僧辈出，惠照、大颠、惟严、道匡、慧元、大峰、道恣等，都是不世出的高僧。其中唐代的大颠和尚和宋代的大峰祖师，是潮汕历史上最著名的高僧。

大颠，俗名陈宝通，潮阳人，生于唐开元二十年（732），惠照徒弟，曾与药山、惟严同游南岳，得法于石头希迁，后回潮创建白牛严寺和灵山寺（潮汕第二大古刹，占地5000平方米，为三厅六院九天井建筑格局），弟子千余人。韩愈被贬潮之后，与大颠结为莫逆，称大颠"颇聪明，识道理"，走时还特意从州城赶到百里之外的潮阳灵山寺"留衣为别"，成为儒佛交往的一段佳话，而韩愈是否因大颠而"崇信佛法"，也成了中国文化史一大公案。故饶宗颐先生言："潮人文化传统之源头，儒佛交辉，尤为不争之事实。"（饶宗颐：《潮人文化的传统与发扬》，载《国际潮讯》1990年第11期）

大峰，俗名林灵噩，温州人，生于北宋宝元二年（1039），绍圣二年（1095）登进士，任绍兴县令，后愤于朝政，弃官为僧，

韩愈离开时还特意到潮阳灵山寺"留衣为别"，留下儒佛交往的一段佳话（林凯龙绘）

和平原名蚝坪，南宋丞相文天祥为之改名"和平"，文天祥所题的和平里、和平桥石碑，至今仍立于和平桥桥头

宣和二年（1120）云游至潮阳县蚝坪（今和平），以精湛医术为民治病。时蚝坪有练江横截，水深流急，大峰发愿建桥，因操劳过度，桥未成即圆寂，终年88岁。大峰涅槃后，被尊为本地慈

大峰被尊为本地慈善事业的始祖，后人建报德堂等崇祀，图为和平报德古堂

潮汕老厝

宋大峰祖师像（林凯龙绘，蔡仰颜题）

善事业的始祖，后人建报德堂、祖师庙和善堂崇祀，影响遍及香港和东南亚各国。

就建筑而言，潮汕地区规模较大、年代较早且有特色的佛寺有潮州开元寺、潮阳灵山寺、潮阳西岩寺、揭阳双峰寺、澄海莲花古寺、潮安甘露寺、澄海丹砂古寺；然而，这些古寺无论大小，却总能在潮汕民居中找到相应的建筑格局，这是什么缘故？

原来，随着佛教建筑从以佛塔为中心的梵式向以佛殿为中心的汉式演变，古人发现传统民居中空的天井，正好诠释了佛教"四大皆空"的理念！于是，从魏晋开始，士族之间便风行"舍宅为寺"。据《建康实录》载，自东晋康帝至简文帝三十年间，共置寺12所，其中由士族舍宅为寺的就有7所，其数过半！

既然古代王公贵族的"府第"与寺庙之间是可以互换的，这就证明了它们结构上的相似性。而潮汕民居作为"府第"式民居的建筑遗存，其格局与佛寺同构，也就不足为奇了。当代建筑史学家傅熹年据《戒坛图经》描述而绘的唐代律宗寺院，就与潮汕"驷马拖车"平面如出一辙（见本书第123页），而将"驷马拖车"与有"粤东第一古刹"之称的潮州开元寺比较，也不难看出其格局确有接近之处。

潮州开元寺是全国汉地佛教寺院同类殿宇中最大的建筑。图为面阔11间近51米的天王殿正面

潮州开元寺

位于潮州市湘桥区开元路的潮州开元寺，前身为荔峰寺，唐开元二十六年（738），诏令全国挑选十大州郡各建大寺，以"开元"名之，潮州开元寺便是其一。

开元寺初置时占地百亩，今存不足 60 亩。虽经十次大规模修建，仍保持中轴对称、向心围合的合院式格局。中轴线为五进，即山门（金刚殿）、天王殿、大雄宝殿、藏经楼、玉佛楼，从天王殿至藏经楼两侧各有 60 余米的东西庑廊（如民居中的巷道）连接观音、地藏、诸天阁和知客堂、僧舍等次要建筑，形成一个围绕中轴线展开、起承转合、前呼后应的建筑群落，宛如一曲生动的乐章。而位居中心的大雄宝殿，便是这乐章的最强音。

建于两层殿基之上，宽 5 间、深 3 间、高 11.67 米的大雄宝殿是开元寺最高的核心建筑。据说光绪元年（1875）重修时，主事的官绅认为开元寺占了全城的风水气脉，以至僧胜于俗，故刻意将大殿斗拱去掉三层，以示压制。目前所见大雄宝殿屋脊微

位于潮州市湘桥区开元路的潮州开元寺，为建于唐代开元年间的名寺，现为全国文物保护单位

大雄宝殿是开元寺最高的核心建筑,至今保留屋脊微凹、屋顶坡度平缓、出檐深远等唐代特点

凹,屋顶坡度平缓,舒展挺拔,而上下两层屋面距离较近,好像粘在一起,这种形制是否重修时刻意降低高度所致,抑或汉唐遗风?有待进一步考证。

就建筑价值而言,开元寺诸大殿中当以二进的天王殿为最。该殿高近10米,面阔11间近51米,进深4间15米多,是全国汉地同类殿宇中最大的,其宽11间的格局,在现存古建筑中仅北京故宫太和殿及明长陵有此规格。此外,天王殿还有多达12层、高度几占柱高一半的叠梁斗拱,这种层层叠叠的绞打式叠斗,如人的脊梁一样,能将应力分散而使构架处于一种"以柔克刚"的平衡中;这种在汉代《鲁灵光殿赋》中被称为"层栌"的斗拱,使天王殿能够抗御本地常有的地震和台风袭击,历千年而不坠!

从天王殿至藏经楼两侧各有60余米的东西庑廊

当代著名建筑学家龙庆忠教授经过缜密研究,断定"天王殿至迟为宋代遗构,其平面布置、立面构图与梁架结构均保留了不少汉朝和南北朝时期的特点,为国内现存较少见之早期木构建筑"(龙庆忠:《中国建筑与中华民族》,华南理工大学出版社1990年版);而另一著名建筑学家路秉杰教授经过十多年苦苦寻

天王殿是日本奈良东大寺大佛殿的建筑样本,是由南宋宁波人带过去的

潮州天王殿不但规模大,而且形制古,这是在汉代被称为"栌"、在韩愈《进学解》中被称为"薄栌"的潮州天王殿如人的脊梁骨一样的斗拱——绞打叠斗

天王殿多达12层的叠斗,如人体的脊梁一样,能将应力分散而使构架处于一种"以柔克刚"的平衡

找,才在天王殿找到号称世界现存最大木构建筑——日本奈良东大寺大佛殿的建筑样本(路秉杰:《"大佛"寻源到潮州》)。这种在日本被称为"大佛样"的建筑模式,是由南宋宁波人陈和卿带到日本的,曾引起日本建筑界的第二次革命,其源头就在开元寺天王殿!而天王殿自宋代康定元年(1040)建成之后,虽经多次重修,特别是20世纪80年代初,由香港长江实业(集团)有限公司董事局主席李嘉诚先生以其家慈名义独资重修之后,依然保留原来的结构特点,真是不可多得的稀世之宝。

潮汕老厝

开元寺大雄宝殿唐代围栏浮雕"佛日增辉，法轮常转"刻石，在"法"字两旁，有扛锡杖的僧侣和扛大刀的神猴，这可能是唐僧和孙悟空原型的最早造像，弥足珍贵

左图 大雄宝殿前的神猴石雕，为唐代旧物

右图 开元寺殿前唐代石经幢，底座虽风化严重，仍显示出大唐雄健的气魄

存心善堂

位于汕头市外马路57号的存心善堂，是闻名海内外的慈善机构。

清光绪二十五年（1899），汕头暴发鼠疫，死亡枕藉。在汕打工的潮阳人赵进华（约1851—1921）目睹惨状，心生恻隐，从家乡潮阳东山棉安善堂请来宋大峰祖师的香火，设坛供奉，并组织善社，司收葬之事。赵君以善社为己任，出纳无私，分毫不苟，为合埠士绅所敬仰，得到官府和信众支持，各界慷慨解囊，用三年时间，建成包括大峰祖师宫、三山国王庙、华佗仙师庙三座潮汕"四点金"式祠堂相连的1000多平方米的建筑群落，名存心善堂，并被推举为善堂总理。

当时，有不少潮汕一流的工匠参与存心善堂的建设：鸥汀著名石雕师傅陈再欣负责门楼的雕刻；有"木雕状元"之称的黄开贤负责拜亭木雕和彩绘漆画；嵌瓷则让潮汕最负盛名的普宁何翔云和潮阳吴丹成前来竞艺。故存心善堂

上图 存心善堂奉祀的宋大峰祖师像

下图 从存心水龙局俯瞰存心善堂和背后的存心学校

汕头市存心善堂大峰庙正面

存心善堂木雕和彩绘原是"木雕状元"黄开贤的手笔。图为近年来重新修复的存心善堂梁架

无论嵌瓷、木雕、石刻抑或漆绘,均代表着潮汕工艺美术的成就,可惜它惨遭"文革"破坏,虽经修复,未还旧观。今天,倒塌的三山国王庙也未重建,华佗仙师庙已变为佛庙,只有大峰祖师宫延续着大峰祖师的香火。

1929年,国民政府令毁天下淫祠,眼看存心善堂在劫难逃,各界纷纷联名列具宋大峰祖师功绩,上书陈情,行政院内政部核实之后,认为所呈"大峰祖师行善各节,考之典籍,确有其人。综其生平芳行,劝化为善不倦,实与各项淫祠、神棍、巫祝之类不同",故批令广东民政厅"转饬保护,以志景仰"云云(见《保护宋大峰祖师批令碑》),该文后被刊于石上,石碑今存善堂内。

左图 刚举行完法事的存心善堂大峰祖师宫

右图 每年正月初四子时神落天之时,存心善堂都会举行"扶乩"仪式为民祈福

气度恢宏的教堂建筑

如上节所述,同是一种外来的宗教,从东汉明帝时开始传入中国的佛教及其寺庙建筑,一直没有停止汉化的步伐,最后从以佛塔为中心的印度式建筑演变为以佛殿为中心的中国式建筑;而基督教与天主教建筑却正好相反——从19世纪中叶开始正式传入潮汕的教堂及相关建筑,从一开始的借助民居,建造"中国式教堂",到中西混合折中主义、西洋古典主义,最后是现代风格的新教堂,似乎在一步步有意识地"去中国化",而且还潜移默化地改变潮汕人对居宅的观念,影响当代潮汕民居的发展路径。

传教伊始,西方传教士一般先租用民居,或建造简单的中国式"教堂"。这些"教堂",大多仅在民居的屋顶上立十字架作为象征,装饰也相对简单,因为教会开设之初,民众多不理解,故不得不采取利玛窦时代与中国文化相调适的方针以接近民众。

随着1840年第一次鸦片战争的爆发和随后《天津条约》的签订,西方列强获得了在中国内地自由传教的权利。传教士开始

上图 古溪乡基督教徒自盖的住宅门上,配有对联:"依赖神恩千般获福;信从基督万事亨通"

下图 古溪乡基督教徒住宅的侧门,上有"爱主更深"字样

左图 汕头潮阳区古溪乡有很多基督教徒于20世纪80年代自盖的住宅,其格局是典型的潮汕民居

潮汕老厝

潮阳古溪乡基督教徒住宅的中厅,厅正中有《最后的晚餐》彩画

成批进入潮汕。因为这时是以征服者的姿态进入,他们并不讳言要以基督教文化改造中国文化。反映在建筑上,就是各种风格的教堂开始大量出现。

此时的基督教堂大多接受世界流行的"折中主义"建筑风格,在西式建筑为体的基础上融入了一些潮汕民居元素,如建于1881年的盐灶首座教堂即中西混合式。而天主教堂则大多采用西方古典主义的混合式样,多从西方文化的单眼视场出发,用强烈的透视和立面变化,以高、直、尖和强烈向上的动势来体现宗

左图 揭西大洋乡中有一处建于20世纪初,用当地石头垒砌而成的"庭院式教堂"

右图 揭西大洋乡这座"庭院式教堂"为当地民居式样,仅在屋顶上立十字架作为象征

左图 潮阳古溪乡基督教徒住宅的中厅上栋梁中间有"信主安居"字样

下图 揭西五经富基督教堂中传为英国长老会的标志性窗花。

教寓意,如潮州天主教堂(俗称时钟楼)和澄海区西门外吴厝村的天主教堂等。

到了20世纪二三十年代,随着民族主义运动的兴起,潮汕教堂建筑普遍出现结合本地形式的趋势,这些建筑往往是在西方建筑观念的基础上,加上一些已处理过的潮汕传统建筑元素(主要是屋顶),代表作是汕头礐石基督教堂。

然而,强调"天人合一"、与自然融为一体的潮汕传统建筑,终究与居高临下、傲视自然的西方宗教建筑有着根本的不同,这便决定了它们的结合不可能长久;而在近代,随着中国文化的式微和西方文化势力的逐渐增强,以教堂为代表的西式建筑在和传统建筑分道扬镳之后,便在潮汕大地上繁衍开来。于是,我们

左图 建于1882年的揭西五经富基督教堂

右图 五经富基督教堂窗户是西式的,但内部装饰却用了本地民居元素,如屋架上简单的卷草纹饰

潮汕老厝

上图 传统建筑的包围下傲然屹立的揭阳京冈基督教堂

下图 揭阳市榕城开发区的港尾中华基督教堂，外表为西式，但内部装饰却用了不少潮汕民居元素

潮阳古溪乡新基督教堂

不难见到这样的一幕：气度恢宏、身姿伟岸、直指苍穹的罗马式、哥特式、巴洛克式等各式各样的西式教堂，在和现代风格结合之后，在潮汕大地出现，它们在传统建筑的包围下傲然屹立，而且还引导着世俗建筑快速向西方建筑靠拢！这一点从潮汕最古老的基督教堂之一——澄海市盐鸿镇盐灶中华基督教堂的沿革中可以得到见证。

揭阳市榕城开发区的港尾中华基督教堂内部用潮汕民居的"卷书"作窗饰

盐灶中华基督教堂

清道光二十八年（1848），德国巴色会国外布道会牧师黎力基到汕头南澳岛布道，未为当地所容。翌年二月，当他们乘坐的木筏随风漂至与南澳岛隔海相望的渔村盐灶时，深信这是上帝的带领，遂舍筏登岸，租得当地人林元章的佩兰轩（俗称"番书斋"）布道传教。

黎力基开始布道时常受到抵制，因潮语"耶稣"和"撒沙"音近，一些人便往他身上撒沙，有的还威胁要将他活埋，这一切黎力基都忍受了，还常在周末宴请当地士绅，对碰到困难的村民也尽力相帮。后来，有位从泰国回乡加入盐灶教会的教友去世，黎力基率教友为他举行安息礼拜，开盐灶乃至潮汕基督教丧礼之先。可是，到了咸丰二年（1852），黎力基还是为潮州府尹所逐，但已有林旗（字绩顺）等13位本地人受洗，这是基督教传入潮汕之始。

到了咸丰十一年（1861）春，又有英国长老会的宾为邻牧师受林旗等教友之邀从汕头来到盐灶，仍租佩兰轩布道，并立林旗为长老，开办了潮汕最早的教会学校，虽然宾为邻半年后仍被驱逐，但随着信徒逐渐增多，佩兰轩已不敷使用，众教友于是集资购得盐灶上社太平庙前地块，齐心协力，于光绪七年（1881）

左图　澄海市盐鸿镇港头社"番书斋"庭院

右图　佩兰轩入口处

第五章 宗教建筑

盐灶是个文化传统深厚的临海小村，以暴力刺激的奇风异俗"拖神"著名，图为盐灶拖神场面。基督教能在这样的地方扎根生存，堪称奇迹

盐灶基督徒出殡队列，今天盐灶教友仍沿用黎力基所传丧礼，尽管有些仪式不免入乡随俗，但还是与世俗丧礼大不相同

建成盐灶第一座教堂，并举行奉献礼。

　　这盐灶的第一座教堂，将中国传统建筑元素与西方教堂建筑中的塔楼、柱式、拱券、花窗、十字架等结合，架构虽为西式，屋顶却用潮式民居的单檐歇山顶，塔楼则为四角起翘的重檐攒尖顶，别具趣味。1920年以后，教会因需要再迁建于附近的盐灶中社，这座教堂便成了教会学校——至上小学，并增建"林绩顺公纪念堂"为学校礼堂。

245

潮汕老屋

1881年建成的盐灶首座教堂,架构虽为西式,屋顶却用潮式民居的单檐歇山顶(汕头市基督教两会提供)

1924年建成的盐灶中社的新堂(汕头市基督教两会提供)

  迁建于盐灶中社的新堂于1924年10月竣工,建筑面积420平方米。同时兴建的还有两侧的"孤儿院"和"培德女校"宿舍,这些建筑群落被统称为"福音村"。1948年又在主堂前面加建了三层的钟楼,使之成为一座完整的西式教堂。

  到了1994年,这座屹立于盐灶村达七十年的标志性建筑,才因年久破旧被推倒重建,今天,我们在原址上见到的已是一座

左图　盐灶村于1994年重建的一座现代大教堂

右图　盐灶首座教堂塔楼为中国式的四角起翘的重檐攒尖顶。是一种以西式建筑为基础，融入地方元素的"折中主义"建筑

身姿雄伟、宽敞明亮的现代教堂了。

在中国基督教史上，一间堂会能有一百六十多年的历史，实属罕见；而盐灶教堂从租用民居，到自建中西结合的教堂，到最后是完全现代的教堂，前后经历四代，这足以成为潮汕基督教堂建设的缩影，也从一个角度印证了潮汕地区福音传播的轨迹。

汕头市基督教会礐石堂

位于汕头市濠江区礐石风景区小礐石西33号的基督教会礐石堂，又名岭东基督教纪念堂。"礐"本地读如"角"，普通话读如"雀"，礐石因山多巨石而有此名。

礐石堂始建于1863年，由美国传教士耶士摩来汕头妈屿岛传教四年后迁至礐石时所建，初为一平房，后建成教士楼，楼下办女校（即明道女校）并做礼拜，堂旁有屋舍，供内地信徒来礐石礼拜住宿。至1872年方建成礼拜堂，1898年经维修扩建之后，成为岭东基督教浸信会的中心。其后由于信教者日众，旧堂无法

基督教会岩石堂是一座中西合璧的大型教堂,就外观而言,应是一种以西方建筑为"体",以传统元素为"用"的建筑风格

容纳,遂于1930年春借纪念岭东浸信会入潮七十周年之机举行动工礼,在美北浸信会帮助下于翌年建成一座中西合璧的大教堂。

该堂高三层,屋面为中国式的重檐庑殿屋顶,覆以传统的绿色琉璃瓦,正中门亭为国内极为罕见的三重檐庑殿顶,下开三个宫殿式石拱门,四周基座及墙体全部用整齐划一的花岗岩砌筑,中间留有十几个巨大的彩色玻璃窗。整座建筑总占地面积约4000平方米,气势恢宏,庄严肃穆,是典型的以西方建筑为"体",以中国传统建筑构件为"用"的建筑,也是潮汕地区回应当时建筑界流行的民族主义思潮的杰作!

岩石堂正中门亭由六根花岗岩廊柱支撑,其主座及门廊的建筑风格为西洋的多立克柱式

第五章 宗教建筑

礜石堂屋顶的大梁和堂内的栋梁用的也是当年专门从西方运来的能抵抗白蚁侵蚀的优质原木。图为2013年春天某周日早上正在举行的宗教活动的岩石堂

岩石堂四周基座及墙体以花岗岩砌筑而成,显得厚重而结实

汕头市基督教会鸥汀锡恩堂

位于汕头市鸥汀街道，建于1936年的汕头市基督教会鸥汀锡恩堂，为陈益廷长老所捐建，以纪念其先严——岭东长老会首擢牧师陈树铨

鸥汀锡恩堂现为潮汕地区目前保存最完好的西式教堂，极其珍贵

鸥汀锡恩堂傲然挺立、直冲云霄的钟楼

2012年的最后一个星期天下午,鸥汀锡恩堂正在举行传道会,本次由黄勉文牧师宣讲

第五章 宗教建筑

汕头市基督教会恩典堂

位于汕头市外马路的汕头市基督教会"恩典堂"的前身是建于20世纪初的伯特利教堂。此为伯特利教堂旧照片（照片为汕头市基督教两会提供）

"恩典堂"是现代潮汕教堂建筑中设备最好的一座，内部设计与音响效果可以媲美剧院。图为恩典堂正在举行一场规模盛大的婚礼

1996年，香港爱国人士和一些基督教团体出资重建了伯特利教堂，献堂名为"恩典堂"

潮州天主教堂

位于潮州市湘桥区环城西路的潮州天主教堂又称圣母进教之佑大堂,俗称时钟楼,为当时潮州的标志性建筑,也是府城作为全潮天主教中枢之象征,其规模在省内仅次于广州石室圣心大教堂。

据教史所载,清雍正二年(1724),潮州府城已有教堂之设,面积二百平方丈,后毁。同治十年(1871),法籍神父丁热力在府城购屋一间,作为教堂及公署。光绪元年(1875),法籍劭神父来府城助教,广设书斋,以3200元的价格买下高三老厝为教堂(以上见袁中希等:《潮州天主教史述略》)到了光绪十一年(1885),法籍神父布塞克经潮州府批准后,购得池塘一口填土建堂,后由法籍神父罗尚德主持,至光绪三十年(1904),历时十九年建成占地面积1242平方米的天主教大教堂。

该教堂建筑平面为巨大的"十"字形,因外表与俄国克里姆林宫有些相似,故古城有"肾衰目花,时钟楼看作莫斯科"的俗

潮州天主教堂,图为20世纪初法国印制的明信片

潮州天主教堂因奉圣母进教之佑为主保,故名为圣母进教之佑大堂

潮汕老厝

潮州天主教堂侧面

潮州天主教堂主楼后面的附楼建筑,如一欧洲城堡

语。其建筑平面为一相交的十字,主楼高七层,今仅存下半部,上半部钟楼已毁,顶层原为六角平面半球形,上有十字架。第六层有一比普通人还要高的大铜钟,铸有圣女"圣若翰纳"像并刻有拉丁文,配自动敲击锤,每小时敲钟两次,深沉洪亮的钟声响彻古城,惠及枫溪、意溪、涸溪三溪。在钟楼建成的半个多世纪里,钟声伴随着潮州人度过了难忘的岁月。可惜于1966年"文革"开始时被砸毁,大时钟也被拆下熔化,至今没法恢复。

潮州天主教堂内部空间宽敞,装饰华丽

澄海澄城天主教堂

位于汕头市澄海区西门外吴厝村的天主堂，建于光绪二十五年（1899），与潮州天主教堂一样，由法国神父布塞克建造。该堂为典型的哥特式建筑，傲然挺立，直刺青天，以强烈的上升感体现宗教寓意。

整座教堂建筑面积2200平方米，其中主座教堂建筑面积906平方米，高20米，内设圣堂、告解室、祭衣房、唱经楼。钟楼内有1889—1999年天主教纪念大钟一座。天主堂左侧还有神父楼、姑娘室、小修院。整座教堂建筑环境幽雅，立面变化丰富，至今保存完好，是澄海西方的标志性建筑之一，也是哥特式教堂的杰作。

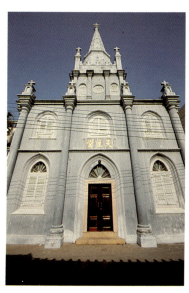 

左图　汕头市澄海区澄城天主教堂正立面

右图　澄城天主教堂侧立面

澄城天主教堂内景

第六章 古艳绚丽的装饰

古老的筑墙方式

潮汕老厝的墙体一般都是用"版筑"（潮人称为"舂墙"）的形式建造，这种筑墙方式十分古老，《诗·小雅·斯干》中就有"筑室百堵"而"约之阁阁，椓之橐橐"的诗句，其意言筑墙之时，以绳子约束缚住夹板，束板"阁阁"作响，后投土于板内，以杵夯用力椓之使其结实，发出"橐橐"之声。《孟子》在论述"天将降大任于斯人也，必先苦其心志，劳其筋骨……"之前，也先举例说"傅说举于版筑之间"，言商朝名相传说原是从事版

潮汕老厝墙体一般用"版筑"的形式筑成。以前在潮汕乡村行走，经常可听到"橐橐"的舂墙声

斑驳的寨墙和向外望的老人,"贝灰沙"版筑而成的墙体构成了潮汕老厝的历史年轮

筑的苦力,后被举以为相。宋代建筑名著《营造法式》中对这种古老的夯土版筑有详尽的描述。这种筑墙方式在中原流传了相当长的时间后,终于逐渐被砌砖所取代,以至于明清后日渐式微并失传,但却在潮汕延续了下来。

潮汕筑墙主要材料是用贝灰、河沙、生土掺和而成的三合土"贝灰沙",在盛产贝壳的潮汕平原,只要将海滩上的贝壳收集起来,经碾碎、烧制、发酵后即可制成一种黏合力非常强的"贝灰",用于夯成坚固而且轻巧的"灰墙",也可制成长30厘米、高宽各15厘米的"灰涂角"土砖用于垒墙。用"贝灰沙"筑成的灰墙,再抹以灰泥,以石磨平,即可成为一种光洁平整、晶莹如玉的"坚如金石"的"灰墙",这些"灰墙","即遇飓风推仆,烈火焚余,而墙垣卓立无崩塌者,界过惠州、嘉应,虽间有之,然不及潮州远甚"(乾隆《潮州府志》)。

幽深的巷门和斑驳的灰墙,是潮汕乡村随处可见的景致

但在山区,"贝灰"难寻,只能用黏结力较差的红土掺和竹筋和糯米汁等来筑"土楼",故其墙体粗糙厚重,甚或有过丈者,较之厚度最多只有几十厘米的"灰墙",其材质的优劣立现。

潮汕老厝

灰墙上的古朴贴瓷,似乎在无言地诉说某个历史故事,其质感与构成如一幅现代派绘画

　　那么,热衷于用"贝灰沙"筑墙的潮人是否对砖墙不感兴趣,抑或烧砖技术不行呢?考古学证明,在可能是汉代古揭阳县县治的澄海龟山,已有长约40厘米、高20厘米、宽5厘米的红砖青砖出土,制砖的技术十分高超。潮州归湖镇乌石岭的东晋墓也有太元十一年(386)的纪年砖出现,揭阳新亨镇落水金钟山的龙东溪旁,更发现了唐代大型的砖瓦屋遗址,一些现存的宋元民居也有用砖的实例,可见潮人对于烧砖砌墙,非不能也,是不为也。

　　是什么原因使潮人舍砖墙而热衷于版筑呢?可能是烧砖要用质地较细的田土(俗称"隔土"),既浪费大量沃土又耗费能源产生污染,这对人多地少,视土地为生命的潮人来说代价太高了。而"贝灰沙"却是废物利用,且对环境无害。自有记录以来,潮汕平原亩产量一直高居全国榜首,水稻一年三熟,再加上水旱轮作、间种透种,最多可一年八熟!这些奇迹使潮人博得了"种田如绣花"的美誉,也使小小的潮汕平原能以全国千分之一的土地养活百分之一的人口。这应归功于三合土"贝灰沙"的发明保护了农田的肥力,是现代禁用红砖的先声,是聪慧的潮人对世界的贡献!

第六章 古艳绚丽的装饰

小小的潮汕平原之所以能够养活众多人口，应归功于"种田如绣花"的辛勤劳作，同时，也是"三合土"的发明保护了潮汕农田的肥力

南澳岛天后宫上的双凤朝牡丹石浮雕，极为浑朴厚重

"诗书画印"曾齐的"四点金"华丽的门面

外冷内热的装饰风格

用三合土"贝灰沙"筑成的房子,开始时"晶莹如玉",但一经南方烈日暴晒和海风咸雨侵蚀,年代一久就满墙皱纹坑巴、沧桑斑驳,远望之黑黝黝的一片,很容易隐没在苍山暮霭之中。又因为近海避风的原因,潮汕老厝一般较为低矮,其外表不但不能和徽州高大的马头墙相比,甚至和用红色"雁火砖"砌成的闽南民居相比,也显得低调、质朴、粗糙。

然而,这种粗糙而不起眼的外表,掩盖的却是内在的精彩绝艳和富丽堂皇。与其他民居相比,潮汕民居以内饰的精雕细琢和热闹浓烈著称。各宗族之间往往在内饰上争奇斗艳,竞相

富丽堂皇的揭西棉湖洪万兴宅梁架。洪万兴当年以经营侨汇的批局发家

洪万兴宅梁架雕饰，载下有很多江海水族题材木雕构件，这应是海洋文化在建筑中的反映

潮州市饶平县向来有饶平城隍大过府之说，可见其规格之高。图为始建于明成化年间的三饶城隍庙工艺精湛的木雕梁架

绮丽。一般的祠堂屋架就有"三载五木瓜，五脏内十八块花坯"（现代潮汕著名工艺师杨坚平和张鉴轩总结出来的口诀），旧《潮州府志》也言："三阳及澄饶普惠七邑，闾阎饶裕，虽市镇也多鸟革翚飞，家有千金，必构书斋，雕梁画栋，缀以池台竹树。"

这种外表粗糙，内饰精致的外冷内热的装饰风格，塑造并影响了潮人"君子外鲁内慧，小人外谨内诈"（见明嘉靖年间黄佐《广东通志》）的内向而聪颖的性格。与其他地区的人相比，潮人在公众场合一般不喜欢抛头露面表现自己，崇尚"抑遏掩蔽，不使自露"与"真人不露相"的自抑和谦逊作风，但内在却不乏火热奔放的激情。他们深沉而含蓄，故往往能在最后成就大业。

揭阳登岗陈厝洋德寿里华丽的廊下雕饰

木雕

就材质言之，潮汕民居装饰大体有木雕、石雕、壁画、嵌瓷、灰塑；就形式言之，有通雕、平雕、半浮雕、泥金漆画、水墨浅绛、大青绿设色；就题材言之，有戏曲人物、历史故实、神话故事、山水花鸟、虫鱼走兽等。这各种各样的装饰，都是为了与粗糙质朴的外墙形成对比和反差，从而达到古艳沧桑、深沉含蓄的目的。

在这些装饰门类中，最为世人所称道的就是闻名遐迩的潮州木雕。潮汕民居内梁架、额枋、檐角、门窗、屏风、隔扇等与人朝夕相处的陈设和装饰，都大量采用木材，并有黑漆装金、五彩装金、本色素雕和著名的"金漆木雕"等多种油漆方法。

潮汕民居现存最早的木雕装饰是许驸马府斗拱上的草尾遗构，象埔寨陈氏大宗祠与潮阳赵厝祠等也残存有一些宋明遗风，其特点是木瓜肥大无饰，图案粗犷简单。后来，随着技法日渐成熟，图案日渐繁复，到清末民初，随着华侨经济的兴起，潮州木

左图 现为全国文物保护单位的潮州铁巷己略黄公祠以木雕精美著称

右图 揭阳仙桥古溪祠堂梁架上的胡人挑梁木雕

潮汕老厝

揭阳榕城关帝庙藻井,以精雕细刻著称

雕更趋玲珑剔透,尤其是多达五层的通雕艺术,可谓鬼斧神工。题材也空前广泛,创造了具有海洋文化特征的江海水族,如曾获国际博览会金奖的虾蟹篓等;构图上则借鉴了国画与戏曲虚拟空间的手法,善于把不同时空发生的事件组织成一个完整的画面,在形象刻画、刀法运用上也有卓越的创造,发展成为世界著名的工艺品种。

在装饰过程中,为了最大限度地发挥工匠的积极性,主人常请来多班艺人进行竞争,并留下占总造价约三分之一的奖金,奖励给优胜者。各班艺人在施工时各自用竹篾隔开,互不窥视,竣工之日才揭去竹篾,让族人评判,胜者名利俱获。今天在潮汕祠堂,左右梁架争奇斗艳,即是两班艺人竞争的结果。

潮汕最具代表性的木雕建筑是位于潮州市铁巷的己略黄公祠。该祠建于清光绪十三年(1887),是一座二进祠堂。从外面看,这座二进的家祠并不太起眼,但里面却满架辉煌,梁枋、梁桁和柱间布满了精美绝伦的金漆木雕装饰。这些雕饰繁而不杂,每一个细部都处理得十分妥当,故虽雕梁画栋、金碧

己略黄公祠拜亭梁架上的木雕金凤凰,将原来沉重的梁架化为轻盈,这是建筑力学和美学相结合的成功范例

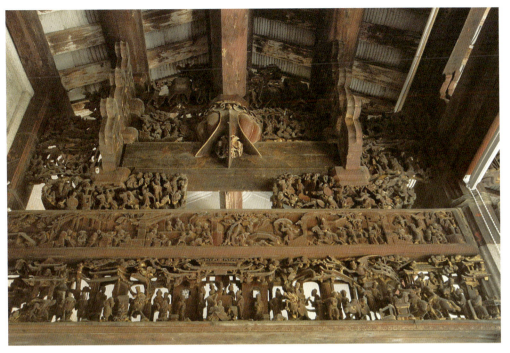

己略黄公祠门厅之梁架

辉煌而无俗气,精巧玲珑而不小气,显得华贵雍容、雅致多姿,尤其是拜亭下头顶梁架、振翅翱翔的十八只金凤凰,既起到斗拱的作用,又将原来沉重的梁架化得轻盈飞动,诚为不可多见的杰作!

己略黄公祠梁架上不同的木雕狮子,是两班师父竞争的结果

潮汕老屋

己略黄公祠梁枋、梁桁和柱间布满了精美绝伦的金漆木雕装饰

己略黄公祠繁复的装饰是清代木雕的典型风格

己略黄公祠梁上的湘桥春涨漆画

己略黄公祠繁复的拜亭装饰

第六章 古艳绚丽的装饰

汕头市潮阳区金灶镇某宅的梁上木雕螃蟹，晶莹剔透，极具质感

普宁某私祠神龛局部。其工艺精致的程度，可谓鬼斧神工

普宁某私祠正堂神龛，为民国年间潮汕名艺人所造，是潮汕民间艺术的杰作，堪称国宝

石雕

除土木外,潮人对石材也很感兴趣,这和海洋文化有关。因海风咸湿,木材湿损易腐,且飓风时至,动辄毁瓦擗屋,木材的选用有一定的局限性;而长期"冒利轻生"的海商生活,又使潮人的生活充满不安定因素,因每次出海均生死难卜,生命的叵测和人生的漂浮更增加他们对"永恒"的渴望。"生年不满百,常怀千岁忧",他们只能把愿望寄托在有生之年创造的"器物"——建筑的长存上。因而,与古希腊和古罗马相似,他们共同表现出对石头的偏爱。于是,潮汕山区丰富的花岗石便以耐用的特性逐渐取代木材,在民居的梁柱、门框、门肚、墙裙、台阶、露台、牌坊等处得到广泛的应用。

石材在西方一般以垒砌的方式建造,垒砌的方式易于向空中发展成高耸入云的建筑,以表达他们对天国的向往(和"以人为本"的中华建筑不同,这是一种"以神为本"的建筑),故西方建筑多以个体的高大取胜;潮汕民居的石材则和木材一样以凿榫

己略黄公祠门斗上的"加官晋爵"石浮雕,极为质朴浑厚

石材常以凿榫卯的形式构架搭建。此石门斗极其考究精美，满墙浅刻的名家书法更凸显出潮人文雅的一面

潮汕老厝

己略黄公祠精美的石门斗梁架,上面石雕布满人物故事,这些故事,大多来自历史故实或戏剧,比如"姜子牙遇文王""薛仁贵东征"等

卯的构架搭建,凿榫卯的构架易于做横向连接,故它们往往以千门万户的群体结构取胜。如果说,西方建筑是由石头组成的"凝固的音乐"(建筑界也常以这句话来比喻中国民居,这是十分不恰当的,因我们的建筑不大注重天际线的起伏),那么,中华建筑则往往是一幅"展开的卷轴画",大量使用石材的潮汕民居也是如此。

　　有些石雕构件最后还常常被涂上颜色,故意使人分不清是石是木。实际上对木石承载构件的过度雕刻并非结构所需,相反只能减弱构件的应力效应,对它们的涂彩上色也未必完全出于防蠹防腐的考虑,要不然石材就无须涂红抹绿了。潮汕民居之所以对木与石一视同仁施以彩绘,是因为潮人高度重视这些"纹饰"对人潜移默化的影响,这可能就是潮人一般都显得温文尔雅和文质彬彬的内在原因吧?

粗糙坚硬的石头,也能表达如此抒情的画面

这倒吊的莲花和"公仔",造型之精美足以让当代很多"大师"搁笔

相对于西方垒砌的方式,潮汕石材常以凿榫卯的构架建造。此石门斗曾遭日军轰炸,今仅存此断壁残垣

第六章 古艳绚丽的装饰

277

潮汕老厝

潮阳深洋的梅祖祠以石雕工艺著称于世，该祠是陈炯明把兄弟陈梅生在民国兴建的，此石柱颇具西洋气息，而整个门楼也由几块巨石搭筑雕凿而成

这被施以色彩的镂空石雕仿佛是一幅宋元花鸟画，中国的雕塑如绘画，信然

第六章 古艳绚丽的装饰

梅祖祠内石柱式样,极为丰富多彩,几乎是一柱一式

透过梅祖祠石花篮回望梅祖祠正堂屋角,本来成对的石花篮目前仅剩一只,另一只收藏在故宫博物院

梅祖祠镂空的石雕花篮极其精美通透,它出自潮阳贵屿著名民间艺人之手

第六章 古艳绚丽的装饰

此建于民国初年的普宁燎原镇泥沟村亲仁里门楼架上的鳌鱼（寓意独占鳌头）和荷塘白鹭（寓意一路荣华），工艺精湛，颇具特色

左图　石雕小品品茗赋诗

右图　石雕小品雪中送炭

揭西棉湖永昌古庙墙裙石雕,几乎占墙高的一半

第六章 古艳绚丽的装饰

揭西棉湖永昌古庙石雕"白马打滚",在浮雕上施以彩绘,宛如一幅精致的工笔花鸟画

此南澳某宫庙墙上的浅石雕,被施以浓烈的色彩,宛如四幅"高士图"

汕头市潮阳区金灶镇某宅的石刻孙中山,梁上居然有浮雕

屋架上的石雕螃蟹,是本地的特色题材,同时也寓意"科甲及第",故民居中多用以装饰

揭西棉湖永昌古庙石雕群鸡图,极具生活气息,生动有趣

屋顶和嵌瓷

潮汕老厝有名目繁多的屋脊,如龙凤脊、鸟尾脊、卷草脊、草龙脊、博古脊等。潮人喜欢在屋脊和屋顶上塑置各种神灵瑞兽和戏曲人物,形成一个凤舞龙翔、人神杂陈的"鸟革翚飞"的世界,这和后王延寿《鲁灵光殿赋》所描述的"虬龙腾骧""朱鸟舒翼""神仙岳岳""杂物奇怪,山神海灵"的汉代装饰有一定的渊源关系。

由于屋顶上的塑像易受风雨侵蚀,聪明的潮汕艺人便用打碎的彩色瓷片,调上灰泥、糖水和桐油,将其黏在已塑好的粗坯上,使之成为晶莹剔透的嵌瓷。它不但可抵御风雨的侵蚀,而且经雨淋日晒之后,更显得璀璨夺目和历久弥新,与黝黑的屋面形成鲜明的对比。这种形式的创造和潮汕本地盛产彩瓷有

被打碎准备调上灰泥,以制作嵌瓷的瓷片

潮汕老厝

汕头沟南许地世祜许公祠玲珑剔透的屋脊嵌瓷，虽饱经岁月沧桑，依然璀璨夺目

关，在闽台和东南亚一带也有这种形式，不过潮汕的嵌瓷被公认最为精致艳丽。

当代潮汕最著名的嵌瓷家是普宁人何翔云（1880—1953）。何翔云少时跟从名匠陈武州学艺，清光绪二十五年（1899），汕头兴建存心善堂，主事人特邀当时潮汕嵌瓷两大流派代表人物吴丹成和陈武州前来竞艺。当时，陈武州年事已高，年方19岁的何翔云便挑起了大梁，在师父的指导下，匠心独运，在屋顶上创作出大型嵌瓷《双凤朝牡丹》，获得一致赞扬。吴丹成受到刺激，发奋努力，呕心沥血三个月，终于塑出了《双龙戏宝》嵌瓷，与《双凤朝牡丹》成为双璧。

何翔云后来还带着徒弟前往台湾制作嵌瓷，一干六年，台南著名的"学甲慈济宫""佳里金唐殿"及台中市的"天后宫"等嵌瓷均出其手，嵌瓷在台湾被称为"剪贴"，台湾至今仍有"剪贴师父出潮汕"的说法。

沟南许地世祐许公祠屋脊嵌瓷局部。日光下的嵌瓷，显得极为空灵剔透，是本地嵌瓷的代表

第六章 古艳绚丽的装饰

　　与何翔云齐名的是吴丹成的高徒许石泉。许石泉是潮阳县成田镇大寮村人，民国年间，万金油大王胡文虎在香港兴建虎豹别墅，特邀许石泉前往制作嵌瓷，许石泉带着子弟赴香港精心创作一年多才完成作品，备受主人和海内外观众赞扬。此外，潮州凤塘镇鹤陇乡苏氏家族也是有名的嵌瓷世家，苏宝楼、苏镇湘父子曾主持潮州开元寺的修复和潮州湘子桥天后宫、饶宗颐学术馆的嵌瓷工程，享有很高的声誉。

潮州开元寺里有不少精致华丽的嵌瓷装饰，出自潮州嵌瓷世家苏宝楼、苏镇湘父子之手，图为该寺门楼上的喜鹊登梅嵌瓷

潮汕屋顶上塑置龙凤的渊源

汉代至魏晋中原屋顶上的龙凤

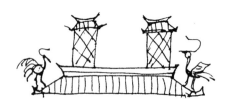

潮汕屋顶的龙凤

揭西棉湖永昌古庙屋顶上的双龙戏宝和双凤朝牡丹嵌瓷雕饰

潮阳深洋梅祖祠高高在上的花篮与菊花嵌瓷,极为精彩逼真,特别是那个玉米棒,在岁月陶洗下,仿佛被烤焦了一般

潮汕老厝

这幅墙角嵌瓷小景,也趣味盎然,可以说是一幅嵌瓷小品写意画

厝角嵌瓷小景,与粗糙的墙面形成对比,有种古艳绚丽之美

潮汕屋顶上塑神灵瑞兽的渊源

汉代至魏晋中原屋顶上的神灵瑞兽

潮汕屋顶上的神灵瑞兽

汕头老妈宫的嵌瓷,老妈宫是当时出洋潮人必到的祈求平安的海神庙

揭西棉湖永昌古庙屋顶上的牡丹嵌瓷,饱满厚重,颇有几分吴昌硕大写的笔意

潮阳深洋梅祖祠芭蕉下的哈巴狗屋脊嵌瓷,应是当时时髦之作

潮汕老厝脊头"草尾"图案之源

上古时代玉器图案

战国至汉代图案

潮汕老厝脊头「草尾」

潮汕老厝

此为揭东炮台觉世善堂老厝脊头"草尾"图案,作于20世纪八九十年代,是当时工艺所能达到的最高水平

左图 潮汕老屋中的灰塑

右图 落水道以松树嵌瓷形式处理,极为巧妙,是艺术与实用相结合的范例

高耸挺拔的山墙

山墙本地俗称"厝角头"。气势恢宏、高耸挺拔的"厝角头"是潮汕民居的显眼之处。一进入潮汕,首先映入眼帘的就是那比屋连瓦、如群山迭起向上冲出的墙头。巨大的墙头是潮人认家的标志之一。

墙头是中原汉晋遗风和古越族文化相结合的产物。古越族人本来就有在屋顶上竖柱安角的习俗,《隋书·东夷传》载:"流求国,居海岛之中……王之所居,壁下多聚髑髅为佳,人间门户上必安头骨角。"古流求国,即今台湾省,其族源与潮汕原住民同为古越族人。在门上安角因而是古越族人财富和权力的象征,是雄性的代表。

濒海的地理位置和长期的捕捞生活造就出潮人重追踪和重捕

夕阳下装饰华丽的土式墙头,充满阳刚之气

捉的视觉习惯。这些高耸冲出的墙头，与西方哥特式建筑一样，易于将视线引向苍穹，可能是狩猎捕捞民族视觉习惯的反映。它们显然又带有海洋文化的特征，有趣的是愈近海者"厝角头"愈大，内陆山区则往往小多了。

潮汕山墙按形状的不同可分为金、木、水、火、土各式，它们的命名和堪舆学中山形的命名是一致的，具体是"金形圆而足阔"，"木形圆而身直"，"水形平而生浪"，"火形尖而足阔"，

雄壮华丽、气势非凡的金式墙头，仿佛如一个挺身而立的潮汕大丈夫

"土形平而体秀"，此外还有多用于祠庙的大幅水、龙头、楚花等变体。

至于什么地方须用何种"厝角头"，也由堪舆家视环境和主人的八字而定。如火太多，就会考虑用"大幅水"式，取水克火或"水火既济"之意。总之，是一种相生相克的五行关系，有些关系不好的乡落邻居，其"厝角头"往往是相克的；反之则相生。一座大厝的"厝角头"，也必须相生并最终生至主座，如祠堂和寺庙因主座多取火局，其他次要建筑就须用木局，因为木能生火，这样香火才会旺。

山墙的装饰重点集中在上半部。流畅的板线楗线沿左右两边倾泻而下，线与线之间留下一个个被称为"肚"的装饰空间，里面缀以精致的嵌瓷。其下还有被称为"楚花"的团花，其造型与楚漆器中循环飞动的纹样极为相似。

墙头和"楚花"装饰

和大海一样波澜壮阔的水式墙头

潮汕各式墙头的渊源

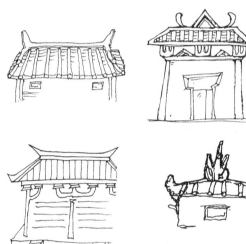

汉代至魏晋中原各式墙头造型

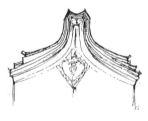

潮汕屋顶墙头

"五行"与潮汕各式墙头

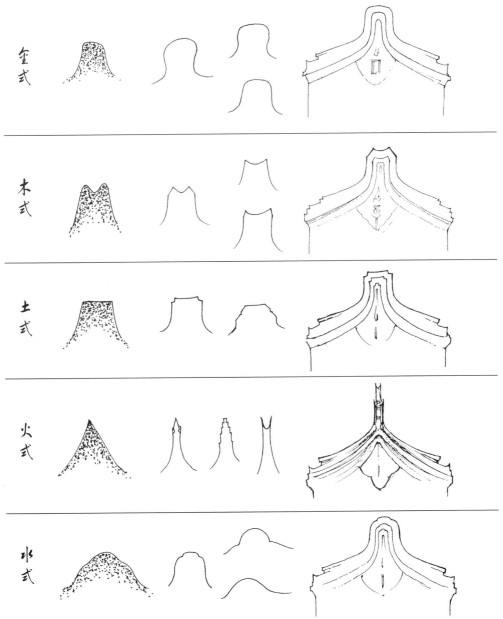

潮汕老厝

古代潮人对"厝角头"的重视程度简直可以说以"身家生命系之",邻居之间,你的"厝角头"比我的大,是不允许的。除非你家出个什么大官,要不就是人多势众,为一方豪族。如果你家的"厝角头"伤着邻居,可能会引起纠纷和摩擦。这相邻两家采用相同的火式墙头以示平安相处

这三叠起翘的屋角是揭西林氏聚祖公祠独有的,其弯曲飞动之势,使潮汕民居博得"鱼鳞鸟翼"的美誉

第六章 古艳绚丽的装饰

狮不像狮，虎不像虎，狐不像狐，狗不像狗，此乃"四不像"，图为有"四不像"装饰的屋脊

两角为尖的木式墙头，古朴、简洁、大方，颇有当代艺术的味道

位于澄海莲下公路旁的老厝,其厝角头为金水相生的墙头

门面和彩绘

和古代门阀士族重视门第和郡望的风尚相似，为了突出门第和地位，潮人在住宅的门面上做足了功夫。宅门的大小、门槛的高低、装饰的繁简，直接反映出家族的身份，故不惜资财，在选料、工艺、式样等各方面都尽力经营。有的将大门做成牌坊式，有的通过重檐来增加门楼气势，如揭西棉湖的清代康熙壬辰进士、曾入翰林的林景拔故居"翰林第"，即以门楼正中高耸，两旁略低，盖上瓦檐，别具一格而成为远近闻名的"三山门楼林"，就连一般的折线型大门也要分为金、木、水、火、土各式。

在民居和祠堂中，最常见的是凹斗式大门。这种逐级缩进的大门可以如漏斗般吸纳吉气，又增加了层次，且为装饰艺术留下空间。门斗上方的匾额，一般请名人书丹。门匾两侧，多有琳琅满目的诗词书画，它们或灰塑，或彩绘，或石刻，多请名家为之，如董其昌、陈继儒、张瑞图、王铎、傅山以至近现代的陆润庠、谭延闿、于右任等的书法刻石都有，简直就是潮人学书的字帖。

此位于揭东京冈村的圆洞门和椭圆形巷门相得益彰，形成一个空灵通透的空间

门斗上方还有一对"阀阅"。因作用和形状与妇女发簪近似,"阀阅"又被称为"门簪",这是一种最迟可溯至魏晋的建筑形制。潮汕"入门看人意,出门看阀字""门风相对,阀阅相当"的俗语,就是门阀士族观念的残存。潮汕早期建筑的"门簪"多为圆形,如宋许驸马府,后衍变为方方正正的官印式,上面刻有九叠篆诸如"元亨利贞""光前裕后""诗礼传家""富贵平安"之类的吉语,每个字的笔画要折叠多达九至十层,填满画面,且抹彩贴金,务求闪亮。这样,小小的门斗,就"诗书画印"四样皆全了。

上图 棉湖清代翰林林景拔"翰林第"是远近闻名的"三山门楼"

左图 屏风有遮挡、聚气的作用,摄于澄海侯邦七落

门面的装饰也随时风而变,从"忠"到"恭喜发财"浓缩着社会的变迁

有八卦守门、配有对联的澄海前美乡儒林第雅致的门面

第六章 古艳绚丽的装饰

潮汕门神之渊源

中原从唐至元代武士造型

潮汕祠庙中的门神

"福禄寿"和"加官晋爵"之类的题材是民间最喜欢的。此为普宁果陇庄氏家庙之壁画

第六章 古艳绚丽的装饰

揭东县炮台桃山村淡如居厅楣上的金地漆画，画的是外国马戏团表演的场面

揭东县登岗镇陈厝洋德寿里围墙上的壁画，笔法精妙，造型生动

贴上古板金的漆画，古朴华丽，金碧辉煌，是典型的潮式风格

第六章 古艳绚丽的装饰

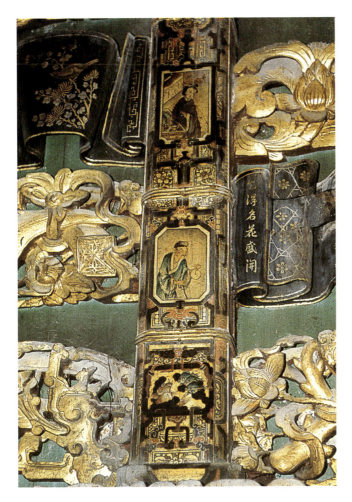

金碧辉煌的漆画和古朴素雅的壁画是内热外冷的潮汕装饰观念的体现，此揭阳炮台桃山淡如居梁架上的山水人物和澄海与登岗的画壁是最好的见证

潮汕老厝

潮汕凹斗门楼,为一逐渐缩进大门,也为一宅之"气口",既可以如漏斗般吸纳吉气,又为建筑装饰留下空间

与北方的固守法规、不可随意创作的官式彩绘系统不同,潮汕彩绘仍保留了一整套古代彩绘的类型和制度,并且常常接受流行画风的影响,表现出一种较为自由和活泼的装饰风格。

室内彩绘以梁枋为主,按部位尺寸因材施彩,一般将楹木漆成红色,将椽子漆成蓝色,称"红楹蓝桷"。枋被分成三部分,中间作为重心的"堵仁"约占全长三分之一,是重中之重,里面涂绘图画,题材不限,手法各异,或水墨彩绘,或"贴古板金",或黑地泥金漆画(其法是先将金箔和胶水混合研成粉,扫贴在已画好的纹路上,由于用金量比"贴古板金"多出九倍,故有"九泥金"的别称)。这些特殊的工艺使潮汕民居内饰金碧辉煌,从而获得了"雕梁画栋"的评价。

潮汕的民间壁画,常接受当时画风的影响而有多种形式,此为受清末海派人物画影响的壁画

本地的戏曲人物故事，常被画进壁画中，成为群众喜闻乐见的艺术形式

潮汕老厝

在墙壁上挥洒自如地画上水墨淋漓的中国画，可见潮汕艺人不凡的修养与手艺

古朴华丽、金碧辉煌的潮汕漆画，既保留古代彩绘类型和制度，又常常接受流行画风的影响，表现出一种较为自由和活泼的装饰风格

道韵楼的后续建筑"新韵楼"

书斋与园林

潮汕地区向有重文崇教的传统，1944年的《广东年鉴》中就言潮汕"富贵之家，住屋必有家庙及书斋"，书斋和家庙并重。

书斋和园林作为正统儒家礼制建筑的补充，体现了"择胜地，立精舍，以修学业"的进取和有为的思想，但在具体的处理手法上则多受道家思想的影响，和处处讲究规矩的住宅不同，它多少摆脱了宗法的束缚而有文人自己的审美品位，因而在"雕梁画栋"之余，又往往"缀以池台竹树"。它们不求轩昂而存幽雅，不求均衡对称而求空灵活泼。在热闹浓烈之外多了一些"儒雅之气"，本地就称那些精致雅丽之建筑为"儒气"。一些文人还亲躬其事，在这方面，位于潮州下东城区东平路中段的莼园（转让旅泰侨领黄景云后更名为淞庐）是其代表。

莼园为潮籍国际汉学大师、学界泰斗饶宗颐先生的故园，为饶先生的父亲饶锷所建，竣工于1930年，园大不及亩，但小桥流水，凉亭假山，错落有致，别具洞天。当年，年方14岁的饶

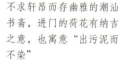

不求轩昂而存幽雅的潮汕书斋，进门的荷花有纳吉之意，也寓意"出污泥而不染"

潮州东平路的莼园（现已改公为祠），是……先生的故园

莼园藏书楼"天啸楼"外的假山和小桥流水

宗颐即为"画中游"一景撰书楹联:"山不在高,洞宜深,石宜怪;园须脱俗,树欲古,竹欲疏。"

园中还有饶锷所作的《莼园记》,由饶宗颐先生书丹而镌之于壁上,其略云:"今幸获有斯园以居,优游偃息,俯仰从容,无所系于其中,而浩然有以自足。其于为天下国家,固非吾今者

莼园之客厅，至今仍保留着清末民初的装饰风格

过去潮人读书的好去处之一，位于澄海冠山脚下冠山书院清幽的景致

之事也，而修身养气、强勉问学，则敢不惟日孜孜？盖余自是将屏人事，绝嗜欲，发楼上之藏书而耽玩之，以蕲由学进而知道之味，如《诗》之采茆之譬。"

该庐还辟建三层的"天啸楼"以藏书，饶锷老先生居顶层，室名"书巢"，藏书十万卷，是粤东最具盛名的藏书楼。饶锷过世后，饶宗颐继承先父未竟之志，用两年时间，于18岁时完成了《潮州艺文志》的编撰，天啸楼丰富的藏书为这位学贯中西的大学者打下良好的基础。

园大不及亩，但小桥流水、凉亭假山、别具洞天的莼园一角

第六章 古艳绚丽的装饰

潮汕老厝

潮汕民居特殊而完善的装饰体系最后完成的是民居润色工作,这使它在质、形、色、文方面达到了高度的统一。一座考究的潮汕民居,从周围环境到外形的正面、侧面,再到屋面的起伏变化和色彩的配搭,本身就是一件艺术品,一个民居聚落就是一座民间艺术馆。在这座艺术馆里,那装金贴银的富贵气势和幽淡素雅的文人气息长期并存,又互相渗透,共同陶冶和培育了潮人既重商又重文的"儒商"性格,这正是孟子所说的"居移气,养移体"的绝好注脚。

澄海樟林西塘的大门

潮汕另一著名的园林——澄海樟林的西塘,虽年久失修,但风韵犹存。图为西塘"秋水长天"一景

后　记

　　记得也是在这春寒料峭的季节，李嘉诚基金会策划的"新潮行动"即将出版我的专著《潮汕老屋》（汕头大学出版社 2004 年 5 月第一版）。眼看十几年的心血终于有了结晶的一日，兴奋之情溢于言表，我每天早早起床，不是对文稿做最后的修改以求完美，就是背起相机外出补拍照片，如是一口气忙了几个月，终于迎来了手捧新书激动不已的日子。

　　九年后的今天，同样是李嘉诚基金会的安排，由汕头大学基督教研究中心和生活·读书·新知三联书店共同策划的"潮汕社会宗教与文化研究系列"也即将出版本书，借着这次机会，我对《潮汕老屋》做了全面的修订，除了增加一些新发现的宋、元、明的村落建筑外，还增补了"宗教建筑"作为第五章，让原本局限于介绍潮汕民居的《潮汕老屋》，变成了这本较为全面地介绍潮汕古建筑遗存的《潮汕老厝》。

　　令人感叹的是，随着当代城市化进程的快速推进，潮汕乡村的面貌正在日新月异，很多古意盎然的老厝，正为一栋栋钢筋水泥的楼宇所取代，很多堪称国宝级的古建筑，在一夜之间就变成废墟。比如，当我刚在书稿中感叹建于宋代的潮阳棉城抗元英雄赵嗣助的故居"铜门闾",在比它还古老的"上门闾"被粗暴强拆之际,依然能够抵挡各种诱惑傲然挺立于棉城闹市之时,即传出该故居也被列为拆迁单位,而且很快将进入拆迁程序的消息。为此,我不得不放下手头的工作,和朋友们一起为保护这栋宝贵的建筑遗产做些力所能及的工作,尽管最后能否成功仍是未知数,但这更坚定了我以影像记录潮汕老厝的决心,同时,我也为自己在以前为拍摄潮汕老厝而不顾一切的选择感到欣慰!

在补写第五章的过程中,我还发现很多古老的"宗教建筑",已纷纷被焕然一新的建筑物所取代,特别是那些曾凝聚潮汕人强烈的宗教情怀,同时又是乡村标志性建筑的古老教堂,仿佛一夜之间被推倒,令我错失了为它们留下倩影的机会。"亡羊补牢,未为晚也",本次修订,当作如是观。

感谢李嘉诚基金会的罗慧芳博士和三联书店文化出版分社的李学军编审,以及汕头大学基督教研究中心的李凌瀚主任,没有他们的热心和催促,以余之疏懒,本书的修订不知更待何时;而潮汕各宗教团体如存心善堂的蔡木通会长、陈梆秘书长,基督教会的许洁平、李瑞畅、叶焕新、黄勉文牧师以及佛教界的圆慧、光念等法师,其他朋友如许自敬、李蔼仪、袁海生、陈景熙、蔡勋武、林璧荣、陈嘉顺、陈琳藩、陈维鹏、陈晨、韦红、凌学敏、林贤任、蔡映葵、张烈华、赵芝雄、黄刚、曾旭波、杨映红、林瑞平、蔡旭辉、丁烁、郭培鸿、李利平、李维逸等也为本书的采写提供方便,在此一并致谢。

汕头大学长江艺术与设计学院王受之院长为本书所写的序,从一个国际著名学者和艺术家的角度对潮汕老厝的美学特色和艺术特点做出了中肯的评价,这既使长期进行独自探索的我增加了自信,也使潮汕老厝能够借助这篇美文找到更多的知音,在此我谨代表潮汕父老乡亲向他表示感谢!

当然,最应感谢的还是为我们留下这些宝贵文化遗产的潮汕先民们，如果没有他们创造的这些屹立于潮汕大地上的伟大艺术品，一切都无从谈起！

2013 年 3 月 18 日

修订版后记

　　白云苍狗，世事播迁，本书三联版的首梓，不觉已过了六年。这六年里，幸得海内外机构与人士特别是李嘉诚基金会之厚爱，先于第十七届国际潮团联谊年会召开之际举办"潮汕老厝巡礼图像展"，后又推出精装版与香港繁体版，拙著在海内外产生了一定的影响。本次再版便以精装本为底本，增益数十帧照片，并对文字修订润色而成。

　　此数年间，常有机会带学生或陪中外嘉宾同访老厝。重游旧地，却总是忐忑不安，生怕那些使人梦魂萦绕的古建筑风韵不再——或灰飞烟灭，仅存遗址；或破败不堪，沦为残迹；或描头画角，涂脂抹粉，重修得俗不可耐！而不幸的是，这些忧虑常常成为现实：品味的低下、美感的缺失、快餐文化的流行、施工者对利润最大化的追逐，往往给了这些老态龙钟的建筑致命一击！

　　所幸者，近年来从海外传来一则振奋人心的佳讯——由林家"走仔"（女儿）玉裳负责策划，于2003年修复的马来西亚槟榔屿韩江家庙，由于按照国际标准，保留原来的材料、结构、手工艺，恢复原有的光彩与风貌（如砌上了20世纪中期因改为学校而开的两个前窗，恢复白墙等等），而获得联合国教科文组织"亚太区文化遗产保护奖",这是目前唯一获得该大奖的潮汕建筑。这件事不但开启了潮汕女子修家庙的历史,更重要的是作为潮式建筑的典范,韩江家庙为当代潮汕老厝的修复立下了标杆!

而在他们提交给联合国的视频资料中,特意引用了拙著的观点与"四点金"的手绘图,阐明要将前窗封掉,使之如葫芦般更藏风聚气的道理。"到今天,没有人敢动我们那两幅白墙。"林女士骄傲地说!

遗憾的是,由于地域所限,本次修订未能加入韩江家庙的内容;而实际上,我更期待的是,在广袤的潮汕大地上,能有众多如韩江家庙那样保有祖宗光彩和风貌的潮汕老厝屹立,为子孙后代留下真正代表潮汕最高成就的文化艺术遗产!

2019年3月30日